Pater Alfred Tönnis OMI

Seelsorge - eine unbezahlbare Liebe

Pater Alfred Tönnis OMI

Seelsorge - eine unbezahlbare Liebe

Seelsorge ist heute genauso wichtig, wie sie es früher war. Nur heute gibt es andere Medien. Aspekte einer Seelsorge.

Fromm Verlag

Impressum/Imprint (nur für Deutschland/ only for Germany)
Bibliografische Information der Deutschen Nationalbibliothek: Die Deutsche Nationalbibliothek verzeichnet diese Publikation in der Deutschen Nationalbibliografie; detaillierte bibliografische Daten sind im Internet über http://dnb.d-nb.de abrufbar.

Coverbild: www.ingimage.com

Contact:
International Book Market Service Ltd., 17 Rue Meldrum, Beau Bassin, 1713-01 Mauritius
Website: www.bookmarketservice.com
Email: info@bookmarketservice.com

Gedruckt in: USA, UK, Deutschland. Dieses Buch wurde nicht in Mauritius produziert.

Imprint (only for USA, GB)
Bibliographic information published by the Deutsche Nationalbibliothek: The Deutsche Nationalbibliothek lists this publication in the Deutsche Nationalbibliografie; detailed bibliographic data are available in the Internet at http://dnb.d-nb.de.

Cover image: www.ingimage.com

Contact:
International Book Market Service Ltd., 17 Rue Meldrum, Beau Bassin, 1713-01 Mauritius
Website: www.bookmarketservice.com
Email: info@bookmarketservice.com

Printed in: U.S.A., U.K., Germany. This book was not produced in Mauritius.

ISBN: 978-3-8416-0121-6

Lieber Leser! Liebe Leserin!

Sie haben dieses Buch erworben, um darin zu lesen.

Nach dem Einstieg in die Predigtsammlung mit dem Text über Berufung und die Sehnsucht des Menschen finden Sie hier einige meiner Predigten aus den letzten Jahren, einschließlich zwei „Geistliche Worte“ aus der Schwäbischen Zeitung und eine Dialogpredigt mit einem Sänger und Musiker, den ich sehr schätze, Thomas D. von den „Fantastischen Vier“.

Ebenso eine Predigt zur Beerdigung eines Kindes, welches im Mutterleib gestorben war und eine Predigt zur Segnung einer Freundschaft.

Die in Mittelbiberach geborene Selige Ulrika Nisch ist eine Frau, die viel Leid erlebt hat: Nicht ehelich geboren, Armut, Sehnsucht nach Gott, Krankheit und Gottesferne – auch ihr sind zwei Predigten gewidmet.

Die Kurzgeschichten sind spirituelle Impulse, die nicht nur anregen, sondern auch gerne einen Diskussionseinstieg ermöglich.

Das „Aufopfern“ vom Storch Lovely. Gibt es solches?

Die Tiere in der Krippe. Pfarrer Christ denkt darüber nach.

Ich wünsche Ihnen Ermutigung und Anregung, Freude und Inspiration.

Auf Youtube können Sie spirituelle Impulse sehen, einfach Pater Alfred eingeben.

Schreiben Sie auf Facebook – oder auch per Email oder Brief. Ich freue mich.

Eine gesegnete Zeit.

Pater Alfred Tönnis OMI

Zu Beginn ein religiöser Impuls:

„Geboren um zu leben“

So lautet der Titel eines aktuellen Liedes von „Unheilig“, dem Grafen, wie er sich nennt. Entstanden ist dieses Lied durch einen Schicksalsschlag, der den Sänger getroffen hatte.

Jesus ist geboren worden um zu leben. Er hat gelebt und uns damit die frohe Botschaft mit Hand und Fuß näher gebracht. Die Botschaft Gottes bekam menschliche Züge. Die Theologie wurde geerdet. Gott wurde Mensch – in seinem Sohn. Er will leben im Menschen und durch den Menschen. Jesus ist geboren worden um zu leben. Auch wir werden geboren um zu leben. Jesus wird in den Menschen immer wieder geboren um zu leben.

A) Berufung. Armut. Heimatlos.
Ordensmann der Gemeinschaft der Oblaten sein.
Drei Sehnsüchte bewegen jeden Menschen

Ich möchte mit zwei Zitaten aus unserer Ordensregel der Oblaten, dem „Vorwort des Stifters der Oblaten Eugen von Mazenod", beginnen:

„Deshalb kann man wahrhaftig sagen, dass die meisten **Christen** unserer Tage wegen ihrer Bosheit und Verderbnis in einem heilloseren Zustand sind als die heidnische Welt, ehe das Kreuz die Götzen zerbrach."

„**Die Menschen** verkommen in krasser Unwissenheit all dessen, was ihr Heil betrifft. Die Folgen sind Verkümmerung des Glaubens, Verwilderung der Sitten und alle möglichen Verwirrung, die damit zusammenhängt."

Zwei Personengruppen werden da schon mal sortiert: Die **Christen** einerseits und auch **die Menschen** allgemein. Unsere Arbeit muss also auch auf beide Gruppen zielen. Die „Armen" finden wir also da und da. Unser Stifter hat dieses Vorwort in einer anderen Zeit geschrieben, doch erkenne ich auf jeden Fall hier in Deutschland, es passt genau so auch in die heutige Zeit.

Unser hiesiger Bischof der Diözese Rottenburg – Stuttgart, Bischof Dr. Gebhard Fürst, hat folgenden Satz geprägt: „Wir sind nicht mehr eine Volkskirche, sondern wir sind immer mehr eine missionarische Kirche im Volk". Wir leben also in der heutigen Zeit (wie damals bei unserem Stifter) in einer Zeit, die kolossal vom Umbruch geprägt ist: Einmal in Richtung Globalisierung, in Richtung eines „Weltbürgertums":

Nicht mehr so an Grenzen nationaler, sprachlicher, kultureller, religiöser Dimension gebunden zu sein.

Dann die Richtung Arbeitswelt, geprägt von der Flexibilität, die eine gewisse Ortsunabhängigkeit und Ungebundenheit erwartet.

Dann die **heutige** Macht der Medien, die omnipotent in alle Bereiche menschlichen Lebens eingreift – bewusst und/oder unbewusst. Der Nacktscanner, die verlorene Scham, das öffentliche „Outen", das öffentliche Privatleben, die Lust am „den anderen mit seinem Versagen an den Pranger stellen", sind da einige Aspekte.

Aber auch die Altlasten einer machtorientierten Kirche, die **früher** omnipotent in alle Lebensbereiche eingegriffen hat und auch viele Verletzungen konkreten Menschen zugefügt hat.

Bei dem schönen Lied: „Fest soll mein Taufbund immer stehen, ich will die Kirche hören...“, wird mir immer bewusst: „hören“ und „hörig sein“ sind verschieden. Früher waren die Christen mehr „hörig“, heute „hören“ sie höchstens noch. Wenn sie das noch können oder auch wollen.
Diese große Umbruchsituation stellt auch uns Ordensleute vor große Aufgaben.

1. Wir sind selbst Kinder dieses Umbruchs.
2. Wir leben in dieser Welt des Umbruchs.
3. Wir leben interkulturell, interreligiös, interdisziplinär, interglobal.
4. Wir leben und gestalten eine Suche mit den Menschen.
5. Gott wird vielfältiger erfahren, auch im Dialog mit anderen Religionen.

Wir müssen also uns selbst im Blick haben und die Menschen, zu denen wir gesandt sind. Wir sind Kinder dieser Welt – aber nicht von dieser Welt.
Dieser Aspekt wurde mir bei der Rede des Papstes im Konzerthaus in Freiburg am 25.09.2011 sehr deutlich. Daum zitiere ich ihn hier:

„In der geschichtlichen Ausformung der Kirche zeigt sich jedoch auch eine gegenläufige Tendenz, dass nämlich die Kirche sich in dieser Welt einrichtet, selbstgenügsam wird und sich den Maßstäben der Welt angleicht. Sie gibt Organisation und Institutionalisierung größeres Gewicht als ihrer Berufung zur Offenheit.

Um ihrem eigentlichen Auftrag zu genügen, muss die Kirche immer wieder die Anstrengung unternehmen, sich von der Weltlichkeit der Welt zu lösen. Sie folgt damit den Worten Jesu nach: „Sie sind nicht von der Welt, wie auch ich nicht von der Welt bin“ (Johannes 17,16). Die Geschichte kommt der Kirche in gewisser Weise durch die verschiedenen Epochen der Säkularisierung zur Hilfe, die zu ihrer Läuterung und inneren Reform wesentlich beigetragen haben.

Die Säkularisierungen - sei es die Enteignung von Kirchengütern, sei es die Streichung von Privilegien oder Ähnliches - bedeuteten nämlich jedes Mal eine tiefgreifende Entweltlichung der Kirche, die sich ja dabei gleichsam ihres weltlichen Reichtums entblößte und wieder ganz ihre weltliche Armut annahm. Damit teilte die Kirche das Schicksal des Stammes Levi, der nach dem Bericht des Alten

Testamentes als einziger Stamm in Israel kein eigenes Erbland besaß, sondern allein Gott selbst, sein Wort und seine Zeichen als seinen Losanteil gezogen hatte. Mit ihm teilte sie in jenen geschichtlichen Momenten den Anspruch einer Armut, die sich zur Welt geöffnet hat, um sich von ihren materiellen Bindungen zu lösen, und so wurde auch ihr missionarisches Handeln wieder glaubhaft.

Die geschichtlichen Beispiele zeigen: Das missionarische Zeugnis der entweltlichten Kirche tritt klarer zutage. Die von ihrer materiellen und politischen Last befreite Kirche kann sich besser und auf wahrhaft christliche Weise der ganzen Welt zuwenden, wirklich weltoffen sein. Sie kann ihre Berufung zum Dienst der Anbetung Gottes und zum Dienst des Nächsten wieder unbefangener leben...

...Umso mehr ist es wieder an der Zeit, die Weltlichkeit der Kirche beherzt abzulegen. Das heißt nicht, sich aus der Welt zurückzuziehen. Eine vom Weltlichen entlastete Kirche vermag gerade auch im sozial-karitativen Bereich den Menschen, den Leidenden wie ihren Helfern, die besondere Lebenskraft des christlichen Glaubens zu vermitteln. „Der Liebesdienst ist für die Kirche nicht eine Art Wohlfahrtsaktivität, die man auch anderen überlassen könnte, sondern er gehört zu ihrem Wesen, ist unverzichtbarer Wesensausdruck ihrer selbst" (Enzyklika Deus caritas est, 25). Allerdings haben sich auch die karitativen Werke der Kirche immer neu dem Anspruch einer angemessenen Entweltlichung zu stellen, sollen ihr nicht angesichts der zunehmenden Entkirchlichung ihre Wurzeln vertrocknen.

Nur die tiefe Beziehung zu Gott ermöglicht eine vollwertige Zuwendung zum Mitmenschen, so wie ohne Zuwendung zum Nächsten die Gottesbeziehung verkümmert.

Offensein für die Anliegen der Welt heißt demnach für die entweltlichte Kirche, die Herrschaft der Liebe Gottes nach dem Evangelium durch Wort und Tat hier und heute zu bezeugen, und dieser Auftrag weist zudem über die gegenwärtige Welt hinaus; denn das gegenwärtige Leben schließt die Verbundenheit mit dem ewigen Leben ein".

Papst Benedikt XVI.

N.B. Zum Abschluss seines Besuchs (25.9.2011) hielt Papst Benedikt XVI: eine Rede im Konzerthaus in Freiburg im Breisgau. Dieser zitierte Teil hier ist der Fassung, die das Presseamt des Heiligen Stuhls veröffentlichte, entnommen.

Sehnsucht

Ich glaube, dass die Menschen **in drei Sehnsüchten** leben – alle Menschen wohlgemerkt:

1. Die Sehnsucht nach Menschen.
2. Die Sehnsucht nach sich selbst.
3. Die Sehnsucht nach einer Transzendenz (nach Gott).

Diese drei Sehnsüchte bewegen die Menschen – ich würde von Ursehnsüchten sprechen. Das Wort **Sehnsucht** bringt schon eine interessante Spannung zum Ausdruck:

Sehnen: Ich sehne mich nach etwas.

Sucht: Ich bin süchtig nach etwas.

Jede dieser drei Sehnsüchte trägt also diese spezielle Spannung in sich.

Jeder Mensch hat Sehnsucht nach Menschen, mit denen er lebt, für die er lebt, die für ihn leben, usw. Er braucht das Echo dieser, er braucht Gemeinschaftsereignisse.

Jeder Mensch hat Sehnsucht nach sich selbst. Wer bin ich, woher komme ich, wo sind meine Wurzeln, was brauche ich zum Leben? Usw.

Jeder Mensch hat Sehnsucht nach einer Transzendenz. Was steckt hinter den Dingen? Woher kommt die Energie? Wie kann ich die Wirklichkeit als Wirklichkeit erkennen? Für religiöse Menschen: Wer ist Gott? Wie ist er erfahrbar? Wie sieht die Kommunikation mit ihm aus?

Auch der heutige Mensch erlebt diese Sehnsüchte. Er will sie leben. Er erlebt sehr stark die Spannung zwischen „sehnen“ und „Sucht“.

Sucht – Beispiele:

Nur Gott, nur Religion, ständig Gott für alles mit einbeziehen.

Nur Menschen, nur Gemeinschaftsberieselung, Fun und Spaß, ständig Party, ständig unterwegs sein im Chatroom oder Facebook oder sonst wo.

Nur um sich selbst kreisen. Da noch eine Heilsveranstaltung, da noch Wellness, da noch ein Naturheilmediziner, da noch Seelenmassage, usw.

Für mich sind die die Armen, die mit diesen Sehnsüchten nicht mehr fertig werden. Es sind genau die Menschen, die in der Spannung zwischen „die Sehnsucht als ein Sehnen zu gestalten und zu leben“ und „die Sehnsucht als Sucht zu gestalten und zu leben“ nicht zu recht kommen. Oder auch die Menschen, deren Sehnsüchte nicht in diese drei Richtungen gestaltet werden: Wo mindestens eine Sehnsucht verkümmert, zugeschüttet oder mit Narben übersäht ist und nur noch eine oder zwei gelebt werden.

Heutige Seelsorge muss folgende Perspektiven enthalten:

A) Die Sehnsüchte der Menschen wahrnehmen.
B) Ihnen zu helfen, diese Sehnsüchte zu gestalten.
C) Individuelle Begleitung in Offenheit anzubieten.
D) Nicht fertige Konzepte eines Heilsweges zu präsentieren, sondern individuelle Wege zum Heil zu entwickeln.
E) Den Menschen ernst nehmen in seinen Sehnsüchten und in seinem Versagen.
F) Den suchenden Menschen als einen berufenen Menschen zu sehen.
G) Den neugierigen Menschen als einem neugierigen Ordensmann oder einer neugierigen Ordensfrau zu begegnen.

Ein weiteres Stichwort für „Arme“ ist „Heimat“. Es gibt so viele Heimatlose. Nicht nur örtlich gedacht, sondern auch innerlich. Wie kann ich eine Heimat finden? Wer gibt mir das Gefühl von Heimat? Wo ist meine Heimat? Diese Menschen, die „Heimatlos“ in dieser Welt leben, sind eine vielschichtige Zielgruppe auch für unsere Arbeit.
Hier in Deutschland haben wir Oblaten viele Pfarreien. Die Pfarreistruktur gibt es flächendeckend. Wir bei uns versuchen nicht nur Pfarreiarbeit zu gestalten, sondern auch innovative Projekte für Arme zu integrieren:
Ein Ulrika Nisch Haus, in dem junge Frauen im Schwangerschaftskonflikt ein Stück weit Heimat finden können.
Einen Seelsorgetreff im ehemaligen Pfarrhaus, bestehend aus verschiedenen Räumen als ein niederschwelliges Angebot für Menschen auf der Suche.
Philosophische Vorträge, vielschichtiges Gottesdienstangebot, Fastenpredigten von Prominenten, Fernseh- und Rundfunkarbeit bei Privatsendern. Präsenz auf

Facebook. Das Arbeitsfeld ist riesig, um Menschen auf der Suche nach Heimat und nach einem ausgeglichenen Leben ihrer Sehnsüchte zu begegnen: Christen und Nichtchristen, um den Bogen zum Anfang wieder zu spannen.
Sollen wir uns einsetzen, die Frommen noch frömmer zu machen?
Oder die Menschen zu erreichen, die sich entfernt haben?
Oder die Menschen zu erreichen, die kaum die frohe Botschaft gehört haben?

Als letztes Stichwort möchte ich noch „**Wertschätzung**" nennen.
Für mich gewinnt dieser Begriff immer mehr an Bedeutung.
Es ist mehr als Toleranz.
Mehr als engstirniges kirchliches Denken.
Mehr als Verteufeln oder Anbiedern.
Wertschätzende Haltung zu haben, ist Jesus in seinem Verhalten ähnlich zu sein. Dem Bettler oder auch dem sexuell verirrten Menschen oder auch dem Ungläubigen mit Wertschätzung zu begegnen – ist ein notwendiger Ansatz.
Bei meiner Qualifizierung in der systemischen Organisationsentwicklung ist mir das besonders bewusst geworden:
Systemisches Denken ist wertschätzendes Denken.
Ich begegne einem System (auch einem Menschen) in Wertschätzung.
Der Arme ist nicht „Objekt" und Opfer meiner Hilfe – sondern er lässt immer wieder die Erinnerung an Gottes Gegenwart und an meine Berufung in mir wach werden.
Der Arme prägt auch mich, hinterfragt mich, stellt mich und mein Leben in Frage. Er fordert mich heraus: das Leben meiner Sehnsüchte, die Wurzeln meiner Heimat, die Grenzen meiner Wertschätzung.

Der Zöllner Zachäus war für mich solch ein Armer:
Neugierig, auf der Suche sein – sogar ohne religiöse Dimension: Er stieg auf den Baum. Jesus rief ihn vom Baum, nicht in die Kirche, sondern in Gemeinschaft hinein. Gemeinschaft veränderte ihn. Er brachte dann ein, was er konnte und Jesus handelte nicht mit ihm über die Höhe dessen, was er geben wollte.

Jesus im Haus des Zöllners Zachäus: Lukas 19,1-10
Dann kam er nach Jericho und ging durch die Stadt. Dort wohnte ein Mann namens Zachäus; er war der oberste Zollpächter und war sehr reich. Er wollte gern sehen,

Die älteren Menschen hier in Deutschland können mitfühlen, wenn es um Wunden durch zerstörte Häuser, Bombenangriffe, Vertreibungen, Kriegsgrausamkeiten und ähnliches geht. Sie können mit den Menschen, z.B. im Irak, mitfühlen, sie können sich in den Wunden begegnen. Eine Beziehung zwischen Menschen wird dann intensiv und tief, wenn zu eigenen Wunden ja gesagt werden kann – und diese dann auch dem anderen Menschen mitgeteilt werden kann. So kann das „Du“ heilend auf meine Wunden einwirken – und auch umgekehrt. Auch ohne Psychotherapeut kann da viel heilen und wird es auch.

Die Schattenseite dieser Offenlegung von Wunden ist sicherlich die, dass man verletzbarer wird. Wenn ich Wunden eines anderen Menschen kenne, kann ich besser darin herumwühlen. Ich kenne seine Schwachstellen. Aber dabei müssen Wunden ja keine Schwachstellen sein.

Wunden können stark machen. Bei Jesus war es so. Sie waren in seine Persönlichkeit integriert. Sie waren sein „Kennzeichen“. Er konnte sogar Thomas dazu auffordern, seine Finger in diese Wunden zu legen.

Unser jetziger Papst konnte und kann unsere Wunden der Zeit benennen. Auch die Wunden, die unsere Kirche zugefügt hat. Und die noch offen sind, auch in unserem christlichen Miteinander. Die katholische Kirche sieht ja die Kirche als mystischen Leib Christi. Insofern gehören auch Wunden zu ihrer Existenz. Das wird auch weiterhin so sein. Ist das vielleicht auch ein Kennzeichen dieser Kirche? Wie es ein Kennzeichen Jesu nach der Auferstehung war? Über Wunden reden, Wunden zeigen, kann verbinden und müsste eigentlich auch verbinden. Wenn es doch alle täten (wohlgemerkt: Das „Wunden zeigen“ - nicht das „Wunden zufügen“), im Großen und im Kleinen. Dann wäre vieles anders.

B) 2. Geistliche Wort: Wertschätzung

Es war für mich vor einer Woche beeindruckend, was der neue und alte Bundespräsident Köhler nach seiner Wiederwahl sagte: „Demokratie, das sind wir alle... Wir wollen Erfahrung und Neugier zusammen bringen... Bewahren, was wertvoll ist, verändern was notwendig ist... Je älter ich werde, desto neugieriger

werde ich... Ich möchte meiner Frau Danke sagen, jede Stunde ist ein Geschenk. Gott halte seine Hand schützend über uns alle. Gott segne Deutschland."
Das sind einige „Blitzlichter" aus seiner Rede – Impulse auch spiritueller Art. Diese Rede hat mir gut getan. Es gibt sie noch, die Politiker, die Flagge zeigen. Die Einheit stiftend wirken wollen, die zugleich bewahren und verändern wollen, die Familie und die auch Gott im Blick haben und: Die das auch deutlich im Rahmen einer solchen Rede thematisieren.
Ich spüre Wertschätzung: der Tradition gegenüber, der Veränderung gegenüber, der Familie und auch Gott gegenüber. Hier geht es nicht um parteipolitisches und machtpolitsches Gezänke, hier geht es nicht um religiöse Engführung und Selbstdarstellung. Es geht um mehr.
Wir feiern an diesem Wochenende Pfingsten, wir, die Christen. Nach unserer christlichen Überzeugung hat Gott Jesus in die Welt gesandt, um sein Wort Mensch werden zu lassen, Fleisch werden zu lassen, menschlich begreifbar zu machen. Und Pfingsten steht der Heilige Geist im Mittelpunkt, der bewegt, der Leben spendet, der Einheit stiftend wirkt.
Ich würde ihn ganz gerne den „wertschätzenden Geist" nennen. Wo „wertschätzend" gelebt wird, da kann das wachsen, was Jesus uns vorgelebt hat.
Gegenüber anderen Religionen und Kulturen, gegenüber Menschen anderer Lebensgestaltung, gegenüber Menschen anderer Denkweisen. „Wertschätzung" bedeutet nicht: Sich und seine Einstellung zu verleugnen. „Wertschätzung" bedeutet: Neugierig auf das „Du" zu sein.
Was hast du zu sagen? Was hat deine Einstellung mir zu sagen? Was hat dein Gottesbild mir zu sagen? Was hat deine Tradition oder auch deine Veränderungskraft mir zu sagen? Was hat Deine Familienstruktur mir zu sagen? Diese Wertschätzung bemerke ich beim Bundespräsidenten. Diese Wertschätzung merke ich im Leben Jesu. Diese Wertschätzung ist immer dann im Spiel, wenn Frieden wächst und Liebe gelebt wird. Werte wahrzunehmen, selbst die, die meinen geistigen Horizont übersteigen. Werte wahrzunehmen, das bedeutet neugierig zu sein: Neugierig auf den Atheisten und seine Begründungen; neugierig auf den Punker und seine Lebenseinstellung; neugierig auf den Unverheirateten und seinen Familiensinn; neugierig auf den Heimatlosen und seine Suche; neugierig auf den neuen Chef, der vieles anders macht und anders ist; usw. Nichts geschieht vollkommen, aber wir können wertschätzend einen gemeinsamen Weg gehen.

Das müsste unser aller Bestreben sein. „Komm Heiliger Geist der Wertschätzung, schenke uns eine wertschätzende Offenheit".

B) 1. Predigt zu Matthäus 3,13-17

Die Taufe Jesu:

Zu dieser Zeit kam Jesus nach Galiläa an den Jordan zu Johannes, um sich von ihm taufen zu lassen. Johannes aber wollte es nicht zulassen und sagte zu ihm: Ich müsste von dir getauft werden, und du kommst zu mir? Jesus antwortete ihm: Lass es nur zu! Denn nur so können wir die Gerechtigkeit (die Gott fordert) ganz erfüllen. Da gab Johannes nach. Kaum war Jesus getauft und aus dem Wasser gestiegen, da öffnete sich der Himmel, und er sah den Geist Gottes wie eine Taube auf sich herabkommen. Und eine Stimme aus dem Himmel sprach: ***Das ist mein geliebter Sohn, an dem ich Gefallen gefunden habe.***

Die Taufe Jesu, die wir im heutigen Evangelium in den Blick nehmen, erinnert uns daran, dass sich selbst Jesus dieser grundlegenden Handlung unterworfen hat. Wie in Gen 1.2 der Geist über den Wassern der ersten Schöpfung schwebte, erscheint der Geist Gottes auch nach dieser Taufe durch Johannes über dieser neu beginnenden Schöpfung in Jesu Christi. So salbt er einerseits Jesus für seine messianische Sendung, gleichzeitig heiligt er das Wasser und bereitet so die christliche Taufe vor. Die Stimme aus dem Himmel bestätigte dieses ganze Geschehen: „Dieser ist mein geliebter Sohn, an dem ich mein Wohlgefallen habe". Jesus wird als der von Jesaja angekündigte Gottesknecht bestätigt – aber noch mehr: Der Ausdruck „Sohn" an Stelle von „Knecht", den die Stimme aus dem Himmel gebrauchte (das griechische Wort „pais" kann beides bedeuten), macht zudem noch Jesu Beziehung zum Vater als Messias und Sohn im eigentlichen Sinn deutlich. Die vom Schreiber des Evangeliums geschilderte Handlung am Jordan erfährt eine erweiterte und neue Perspektiven eröffnende Sichtweise.

Eine menschliche Handlung wird gleichzeitig eine heilsgeschichtliche Handlung.

Im Canon 849 des CIC steht: „Die Taufe ist die Eingangspforte zu den Sakramenten; ihr tatsächlicher Empfang oder wenigstens das Verlangen danach ist zum Heil notwendig; durch sie werden die Menschen von den Sünden befreit, zu Kindern Gottes neu geschaffen und, durch ein untilgbares Prägemal Christus gleichgestaltet, der Kirche eingegliedert; sie wird nur durch Waschung mit wirklichem Wasser in Verbindung mit der gebotenen Form der Taufworte gültig gespendet".

Innerweltliche Dinge erfahren im Gebrauch eine Horizonterweiterung: Bei diesem Taufvollzug reinigt das Waschen mit Wasser nicht nur den Körper, es ist eine Voraussetzung zur Gültigkeit einer Taufe, im Kirchenrecht verankert. Immer wieder erleben wir Menschen, dass innerweltliche Orientierung nicht reicht. Auch wenn wir vieles innerweltlich ordnen und ordnen wollen, erleben wir immer wieder eine „Horizonterweiterung". Wir erleben, dass der menschlichen Machbarkeit und dem daraus wachsenden Ordnungsdenken – manchmal auch zwanghaft und überraschend – ein Prägemal einer anderen Wirklichkeit aufgedrückt wird. Diese andere Wirklichkeit, diese andere Perspektive, diese nicht unserem Willen untergeordnete Dimension gerät manchmal in einen Nebel des Vergessens – auch ohne schuldhaftes Wollen.

Die Taufe Jesu ist eine solche bewusste Horizonterweiterung – die rein auf den Menschen orientierte Schaffenskraft wird erweitert in Richtung Göttlichem Auftrag.

Die Sakramente sind immer eine Horizonterweiterung. Darum stehen sie auch an Wendepunkten im Lebenslauf eines Menschen.

Unsere Kirchen und Klöster, die Wegkreuze, die kleinen Kapellen am Wegesrand, die Kreuze in den Wohnungen und in manchen öffentlichen Gebäuden sind alltägliche Horizont-Erweiterungen, gewachsen aus einer christlich orientierten abendländischen Kultur. Das innerweltliche Erleben dieser Welt hat die Menschen in den Jahrhunderten nach Christus immer wieder bewegt, ihr alltägliches Ordnen und Gestalten dieser Welt vor dem Angesicht Gottes und im Blick auf Christus in Angriff zu nehmen – sichtbar daran gemacht, dass religiöse Zeichen mit eingebunden wurden. Teilweise geschieht dies heute sicherlich auch noch.

Ein schönes Beispiel dafür ist für mich der Erweiterungs- und Neubau der Berufsschule in Biberach an der Riss. In dem neu gebauten Teil der Gebhard-Müller-Schule wurde viel Technik integriert, die auch neuen pädagogischen Ansätzen Rechnung trägt. Die Wärmedammung und das damit zusammenhängende Konzept sind beispielhaft und zukunftsweisend. Stadt, Land, Schüler, Lehrer, Fachleute, Investoren, usw. haben dort in einem hervorragenden Miteinander menschliche Fachkompetenz bewiesen. Dort wurde „Innerweltliches" zukunftsweisend gestaltet. Die Lobesreden bei der Einweihung nahmen fast kein Ende. Aber für mich war noch etwas anderes genauso wichtig:

Es wurde ein Raum der Stille integriert. In diesem Raum der Stille hängt ein Kreuz. Er ist schlicht eingerichtet. Er lädt zum Verweilen ein: Vielleicht zu einem Aufatmen der Seele? Zu einem „Gott bitten"? Zu einem „Gott danken"? Vielleicht auch zu einem gemeinsamen Gebet mit Christen? Vielleicht auch zu einem interkonfessionellen Treffen und beten? Vielleicht auch interreligiöse Aktivitäten?
Auf jeden Fall ist dieser Raum allein schon durch sein „vorhanden sein" eine konkret sichtbare Horizonterweiterung im Gefüge einer Berufsschule. So erleben diese Schüler eine Ausbildung zu fachkompetenten Menschen, die gleichzeitig auch religiöse Horizonterweiterung zumindest als Angebot hautnah vermittelt bekommen. Öffnen wir uns immer wieder diesen Horizonterweiterungen.
In den Alltäglichkeiten des Lebens greift Gottes Stimme aus dem Himmel ein. Hoffentlich hören wir sie (noch), zur Ermutigung, zum Trost, zur Stärkung, zur Auftragserteilung.

C) 2. Predigt zu Matthäus 14,22-33

Der Gang Jesu auf dem Wasser:

Gleich darauf forderte er die Jünger auf, ins Boot zu steigen und an das andere Ufer vorauszufahren. Inzwischen wollte er die Leute nach Hause schicken. Nachdem er sie weggeschickt hatte, stieg er auf einen Berg, um in der Einsamkeit zu beten. Spät am Abend war er immer noch allein auf dem Berg. Das Boot aber war schon viele Stadien vom Land entfernt und wurde von den Wellen hin und her geworfen; denn sie hatten Gegenwind. In der vierten Nachtwache kam Jesus zu ihnen; er ging auf dem See. Als ihn die Jünger über den See kommen sahen, erschraken sie, weil sie meinten, es sei ein Gespenst, und sie schrien vor Angst. Doch Jesus begann mit ihnen zu reden und sagte: Habt Vertrauen, ich bin es; fürchtet euch nicht! Darauf erwiderte ihm Petrus: Herr, wenn du es bist, so befiehl, dass ich auf dem Wasser zu dir komme. Jesus sagte: Komm! Da stieg Petrus aus dem Boot und ging über das Wasser auf Jesus zu. Als er aber sah, wie heftig der Wind war, bekam er Angst und begann unterzugehen. Er schrie: Herr, rette mich! Jesus streckte sofort die Hand aus, ergriff ihn und sagte zu ihm: Du Kleingläubiger, warum hast du gezweifelt? Und als sie ins Boot gestiegen waren, legte sich der Wind. Die Jünger im Boot aber fielen vor Jesus nieder und sagten: Wahrhaftig, du bist Gottes Sohn.

Im letzten Jahr hatte ich eine Beerdigung von einer Frau, die Krebs hatte und innerhalb von einigen Monaten dann verstarb. Sie wusste um ihre Situation und lag auch einige Zeit im Biberacher Krankenhaus. Dort hängen noch in allen Krankenzimmern Kreuze. Natürlich besuchte ich diese Frau auch und erinnere mich noch besonders an einen Besuch: Wir sprachen miteinander über ihre Schmerzen und Sorgen. Da sagte sie zu mir und zeigte mit der Hand auf das Kreuz an der Wand: Der da hat viel mehr gelitten! Und ihr Blick war fest auf das Kreuz gerichtet.
Diese Szene fiel mir auch jetzt wieder ein, als ich dieses heutige Evangelium las.
Petrus und einige Jünger fuhren auf dem See. Der Sturm fegte nur so über das Wasser; „Furcht" machte sich bei den Menschen im Boot breit. Ihr Blick war auf dieses Naturereignis gerichtet – und endete auch da. Nun kam Jesus ins Blickfeld, doch der Blick der Jünger war eng auf diese Bedrohung durch den Sturm gerichtet – und zu einer solchen Bedrohung können ja nur noch Gespenster passen...! Jesus ergriff die Initiative: „Habt Mut! Ich bin es. Fürchtet euch nicht". Er, Jesus, kommt jetzt ins Blickfeld. Im Blick auf Jesus wächst der Mut, so dass Petrus sagt: Herr, wenn du es bist, so befiehl, dass ich auf dem Wasser zu dir komme. Und Jesus gab den Auftrag: Komm! Trotz Wind und Sturm, trotz dem doch eigentlich unmöglichen „auf dem Wasser gehen" machte sich Petrus auf – mit der vollen Blickrichtung auf Jesus. Doch dann ändert sich diese Blickrichtung bei Petrus wieder, und Furcht macht sich wieder breit. Er begann zu sinken und schrie dann: Herr rette mich.
Und Jesus streckte seine Hand aus und ergriff ihn...
Wie sieht das eigentlich mit unserer Blickrichtung aus, lieber Leser, liebe Leserin? Ist unser Blick, trotz aller Erfahrungen und Erlebnissen, auf diesen Jesus ausgerichtet? Können wir, wie bei der schwerkranken Frau, am Anfang beschrieben, auf Jesus und sein „Sohn Gottes sein" schauen?
Oftmals ist unsere Blickrichtung nicht klar auf Jesus ausgerichtet. Auch wir kennen die Furcht und Angst, gerade dann, wenn wir Schicksalsschläge, Naturkatastrophen und manches andere verarbeiten müssen. Wir verlieren vielleicht manchmal den Blick auf Jesus, Zweifel machen sich breit. Manchmal breitet sich auch bei uns ein Nebel aus: Folgende Stichworte sollen nur einige Perspektiven dieser Nebel andeuten: „Der perfekte Mensch", „Selbsterlösung", „Wellness" um jeden Preis, „Mega Fun" und der „Kick" mit oder ohne Drogen.
Vielleicht ist es heute schwerer, den Blick auf Jesus zu richten und diesen Blick unbeirrbar beizubehalten. Doch das heutige Evangelium ermutigt uns, nicht nur den

Blick auf Jesus zu richten, sondern selbst im „versinken“ seine rettende Hand ergreifen zu können – weil er da ist!

Passen wir nur auf – und das ist unser Auftrag in dieser Welt, dass die Nebel dieser Welt den Blick auf Jesus und sein heilsgeschichtliches Wirken nur noch in „gespenstischer Art“ zulassen – wie die Jünger im Boot auch erst dachten, ein Gespenst käme da.

Ein klares christliches Zeugnis ist gefragt. Dann verschwinden zwar nicht „Sturm“ und „Nebel“, aber der Blick auf Jesus wird ermöglicht.

Er kommt zu uns, auch auf undenkbaren Wegen, und ermöglicht eine Begegnung – und diese Begegnung ist nicht immer nach unserem Geschmack und sprengt ab und zu manche Kategorie unseres Denkens.

D) 3. Predigt zu Matthäus 15,21-28

Die Erhörung der Bitte einer heidnischen Frau:

Von Dort zog sich Jesus in das Gebiet von Tyrus und Sidon zurück. Da kam eine kanaanäische Frau aus jener Gegend zu ihm und rief: Hab Erbarmen mit mir, Herr, du Sohn Davids! Meine Tochter wird von einem Dämon gequält. Jesus aber gab ihr keine Antwort. Da traten seine Jünger zu ihm und baten: Befrei sie (von ihrer Sorge), denn sie schreit hinter uns her. Er antwortete: Ich bin nur zu den verlorenen Schafen des Hauses Israel gesandt. Doch die Frau kam, fiel vor ihm nieder und sagte: Herr, hilf mir! Er erwiderte: Es ist nicht recht, das Brot den Kindern wegzunehmen und den Hunden vorzuwerfen. Da entgegnete sie: Ja, du hast recht, Herr! Aber selbst die Hunde bekommen von den Brotresten, die vom Tisch ihrer Herren fallen. Darauf antwortete ihr Jesus: Frau, dein Glaube ist groß. Was du willst, soll geschehen. Und von dieser Stunde an war ihre Tochter geheilt.

Prof. Dr. Albert Keller SJ, Sprachphilosoph in München, ging auf einem Vortrag in Mittelbiberach, das Thema: „Was heißt glauben?“ folgendermaßen an:

Einmal können wir an etwas glauben, was wir vermuten (wenn die Uhr steht, ist vermutlich die Batterie leer).

Der zweite Ansatz war, dass wir da Glauben finden, wo wir etwas für wahr halten (ohne es überprüft zu haben).

Im dritten Bereich finden wir Glauben da, wo wir glauben, was uns gesagt wird.
Der vierte Ansatz machte eine weitere Perspektive deutlich: Ich glaube an dich. Dieser letzte Ansatz bedeutet eben – theologisch gedacht – in letzter Konsequenz: Hingabe an Gott.
Dieser Teil seines Vortrages fiel mir ein, als ich das heutige Evangelium las. Es geht um „Glauben". Und sogar um den „Glauben" einer Kanaanäerin. Die Kanaanäer waren Heiden. In ihrer Religion wurde die Erde in örtlichen Kulten verehrt, die mit ägyptischen und babylonischen Riten vermischt waren. Lange wurden die königlichen Erstgeborenen geopfert und die heilige Prostitution war üblich. Die Propheten Israels verurteilten oft diesen Kult und es war Kanaanäern sogar versagt, sich zum Judentum zu bekehren.
Eine solche Heidin wendet sich an Jesus – hartnäckig, wortgewaltig und mit festem Glauben, dieser Sohn Davids, dieser Jesus kann helfen. Sie ist überzeugt, dass Jesus nicht nur den Israeliten helfen wird. Dieser Jesus ist auch für die Heiden da, auch für ihr Anliegen. Er hilft, auch wenn die „Nutznießer" dieser Hilfe Heiden sind. Primär geht es dieser Frau um ihre Tochter, um die Heilung dieser Person – nicht um religiöse Auseinandersetzung.
Interessant ist in diesem Zusammenhang auch der Satz, den Jesus auf das erneute Flehen sagt: „Es ist nicht recht, das Brot der Kinder zu nehmen und es den Hündlein hinzuwerfen." Er gebraucht das abgeschwächte Wort „Hünd<u>lein</u>"; sicher, um etwas Schärfe aus diesem Ausdruck zu nehmen: Die Juden bezeichneten die Heiden als „Hunde". Die Kanaanäerin zog sich nicht beleidigt über diese Ausdrucksweise zurück, sondern erwiderte durchaus selbstbewusst: „Aber ja, Herr; auch die Hündlein essen von den Brocken, die vom Tische ihrer Herren fallen."
Sie glaubt, dass es Jesus nicht um Rechtfertigungstheorien, nicht um religiöse Zugehörigkeiten, nicht um erstarrte Strukturen geht. Er ist für alle da, die sich an ihn wenden, für die „Verlorenen Schafe des Hauses Israel", aber auch für die Heiden. Woher kommt dieser Glaube? Ohne Taufe und ohne eine Zugehörigkeit zum „Haus Israel"! Eine spannende Frage. Zumal, wenn wir sie auf die heutige Zeit übertragen. Diese Frau konnte sich „hingeben". Sie konnte mit Beleidigungen umgehen, siehe „Hündlein." Sie wahrte nicht die Form üblicher Verhaltensweisen, sondern ging Jesus und seine Jünger zumindest verbal hartnäckig an. Es ging ihr ja nicht um die eigene Person. Sie wollte sich für die Heilung ihrer Tochter einsetzen und zwar bei einem Menschen, von dem sie überzeugt war, dieser hilft. Diese Hingabe, dieses „über sich

selbst hinwegschauen“ ist die Basis, die Energiequelle für Ihren Glauben. Interessant wäre es nun, zu erfahren, was in dieser Frau wohl durch diese Begegnung gewachsen ist und wie ihr weiterer Lebensweg verlaufen ist. Haben wir nicht auch Hochachtung vor einem solchen Glauben dieser Frau? Müssten wir nicht auch wie Jesus sagen: „Frau, dein Glaube ist groß“? Oder welche Bemessungskriterien haben wir eingeführt?

C) 4. Predigt zu Matthäus 16,13–19

Das Messiasbekenntnis des Petrus und die Antwort Jesu:

Als Jesus in das Gebiet von Cäsarea Philippi kam, fragte er seine Jünger: Für wen halten die Leute den Menschensohn? Sie sagten: Die einen für Johannes den Täufer, andere für Elija, wieder andere für Jeremia oder sonst einen Propheten. Da sagte er zu ihnen: Ihr aber, für wen haltet ihr mich? Simon Petrus antwortete: Du bist der Messias, der Sohn des lebendigen Gottes! Jesus sagte zu ihm: Selig bist du, Simon Barjona; denn nicht Fleisch und Blut haben dir das offenbart, sondern mein Vater im Himmel. Ich aber sage dir: Du bist Petrus und auf diesen Felsen werde ich meine Kirche bauen und die Mächte der Unterwelt werden sie nicht überwältigen. Ich werde dir die Schlüssel des Himmelreichs geben; was du auf Erden binden wirst, das wird auch im Himmel gebunden sein, und was du auf Erden lösen wirst, das wird auch im Himmel gelöst sein.

Vor zwei Wochen war ich mit einer Gruppe für 8 Tage in Griechenland. Die Spuren des Apostels Paulus waren uns wichtig, aber auch archäologische Aspekte, die Kulturgeschichte und die jetzige Lebenswelt der Griechen. Die Lebenswelt der Mönche auf dem Berg Athos und auch die Verankerung der Griechen in die Orthodoxie sollten vermittelt werden.

Die berühmte Areopagrede des Apostels Paulus, die der Evangelist Lukas überlieferte, konnte natürlich in diesem Zusammenhang auch nicht übergangen werden. In dieser Rede erwähnt Paulus den Altar, der einem unbekannten Gott geweiht sei und den er in Athen gefunden habe. Ein Altar für einen unbekannten Gott? Ist das ein besonderer Akt der Frömmigkeit oder kommt da eine Angst zum Ausdruck, ja keinen der Götter zu vergessen und damit zu erzürnen?

In der antiken Literatur, z. B. bei Pausanias I. oder auch bei Philostrat in der Vita des Apollonius, finden wir diese Altäre benannt.
Dieser „unbekannte Gott“ hat keinen Namen, hat keine Funktion für das Leben. Anders, als die anderen Götter, die verehrt wurden. Paulus knüpft da an und entwickelt einen Gedankengang, der die damalige Götterverehrung (auch in ihren Funktionen) infrage stellt. Paulus will die Menschen zu einem Gott führen, der in Jesus Christus seine Nähe zu uns Menschen, seine Erfahrbarkeit in dieser Welt, sein „nicht aus Stein sein“ bewiesen hat. Die Auferstehung von den Toten, die Paulus predigte, war dann der Punkt, an dem die meisten Athener ihm gedanklich nicht mehr folgen wollten (oder konnten). Paulus versuchte, die Athener in ihrer „Beheimatung“ (insbesondere der geistigen Dimension) abzuholen und in die neue Denkweise seiner Lehre einzubinden. Offenheit und das Vertrauen, dass Gott auch ohne Anbetung von Götzenbildern für uns das Gute will, uns heilend begegnen will, wäre da bei den Athenern nötig gewesen.
Unser Gott, der in Jesus Christus Mensch wurde, ist für uns kein „unbekannter Gott“. Wir sind mit diesem Gott groß geworden. Unsere Lebensgeschichte ist mit einer Beziehungsgeschichte zwischen Gott und dem einzelnen Menschen verwoben. Wir haben Erfahrungswerte mit diesem Gott, den Paulus gepredigt hat. Wir kennen Jesus, das menschgewordene „Wort“ Gottes. Wir kennen seine Heilsbotschaft. Wir kennen Lebensgeschichten von Menschen, die Jesus nachgefolgt sind.
Wir haben einen ganz anderen Hintergrund, als es die Athener hatten. Dort musste Christentum entstehen, hier muss Christentum seinen Stellenwert halten. Damals gab es keine „Kirchen“, heute eben schon – und in den verschiedensten Ausformungen.
Im heutigen Evangelium, am Festtag Peter und Paul, hören wir davon, das Petrus berufen wird, der Fels zu werden, auf den Jesus seine Kirche bauen will. Vor dieser Berufung steht aber noch das Glaubenszeugnis von Petrus: „Du bist der Messias, der Sohn des lebendigen Gottes“. Und vor diesem Glaubenszeugnis steht auch noch eine Lebensgeschichte, die Petrus mit Jesus verbindet. Erfahrungswerte sind da. Ein „Kennen lernen“ war da und Zeit, die miteinander verbracht worden ist. Dieser Jesus war für Petrus kein „unbekannter Gott“. Jesus war für ihn einer, der Wunder vollbracht hat, der heilend gewirkt hat, der Menschen da abgeholt hat, wo sie standen. Selbst Petrus selbst wurde so abgeholt.

Bei Jesus konnte man sich wohlfühlen, man war angenommen. Aus diesen Erfahrungen heraus konnte Petrus sein Glaubenszeugnis in Worte fassen. Und er konnte leben, was er durch Worte bezeugt hatte. Er konnte den Menschen, die in seinem Umfeld waren, von diesem lebendigen Gott Zeugnis geben: nicht von einem unbekannten Gott, nicht von einem gedachten Gott, nicht von einem Gott aus Stein, nicht von einem durch Menschenhand gemachten Gott.
Er gab Zeugnis von einem Messias. Wie Paulus Zeugnis gab von einem Auferstandenen. Wovon geben wir Zeugnis? Wie bekannt ist uns unser Gott?

C) 5. Predigt zu Matthäus 16,13-20

Das Messiasbekenntnis des Petrus und die Antwort Jesu:

Als Jesus in das Gebiet von Cäsarea Philippi kam, fragte er seine Jünger: Für wen halten die Leute den Menschensohn? Sie sagten: Die einen für Johannes den Täufer, andere für Elija, wieder andere für Jeremia oder sonst einen Propheten: Da sagte er zu ihnen: Ihr aber, für wen haltet ihr mich? Simon Petrus antwortete: Du bist der Messias, der Sohn des lebendigen Gottes! Jesus sagte zu ihm: Selig bist du, Simon Barjona; denn nicht Fleisch und Blut haben dir das offenbart, sondern mein Vater im Himmel. Ich aber sage dir: Du bist Petrus und auf diesen Felsen werde ich meine Kirche bauen und die Mächte der Unterwelt werden sie nicht überwältigen. Ich werde dir die Schlüssel des Himmelreichs geben; was du auf Erden binden wirst, das wird auch im Himmel gebunden sein, und was du auf Erden lösen wirst, das wird auch im Himmel gelöst sein. Dann befahl er den Jüngern, niemand zu sagen, dass er der Messias sei.

Schlüssel gehören zu unserem Tagesablauf, wie Zusammenkommen mit anderen Menschen. Es wird wohl kaum einen Menschen in unserem Kulturkreis geben, der keinen Schlüssel hat. Manche haben einen dicken Schlüsselbund – mit verschiedenen Schlüsseln, die verschiedenes öffnen. Wir kennen einfache Schrankschlüssel, Sicherheitsschlüssel, große und kleine Türschlüssel, Tresorschlüssel, usw. Heutzutage werden die Schlüssel aber auch abgelöst durch Karten mit Code, Bild und ähnlichen Sicherheitsmerkmalen. Diese Karten haben eine ähnliche Funktion wie Schlüssel. Weitere Entwicklungen auf diesem Gebiet sind das

Speichern der einzigartigen Augen oder des einzigartigen Fingerabdruckes. Mit diesen gespeicherten Daten lässt sich ähnliches ermöglichen, wie mit Schlüsseln im herkömmlichen Gebrauch. Auch der Nummerncode, den man eingibt, öffnet Türen, Tore, bestimmte gesicherte Seiten auf dem Computer, ganze Portale und damit auch „Welten".

Petrus „bekommt" solche Schlüssel, eine solche Schlüsselgewalt: „... was du auf Erden binden wirst, wird auch im Himmel gebunden sein, und was du auf Erden lösen wirst, das wird auch im Himmel gelöst sein". Er kann mit seinem Schlüssel, mit seiner Schlüsselgewalt Himmel und Erde vernetzen. Er kann damit eine enge Beziehung zwischen diesen beiden Polen herstellen. Der Himmel bekommt damit irdische Komponenten. Konsequent gedacht müsste sich dann ja die himmlische Macht nach der irdischen Macht im „Petrus"-Amt richten.

Petrus hat also eine Schlüsselgewalt in unvorstellbarem Maße, er wird zu einer „Schlüssel"-Figur im Wirken des Messias, dem „Sohn des lebendigen Gottes".

Er, der Jesus verleugnet hat, dessen Glaube an Jesus immer wieder Schwachstellen aufweist – denken wir nur an das Evangelium vom Sturm auf dem See. Dieser Petrus wird zu einer solchen Schlüsselfigur: Berufen von Jesus, der die Verbindung zwischen Himmel und Erde im höchsten Maße verkörperte, als Mensch und Gott zugleich. Menschen werden also zu Schlüsselfiguren, nicht aus sich heraus, sondern aufgrund der Berufung.

Wir Menschen haben nicht nur Schlüssel, wie anfangs beschrieben, sondern auch Schlüssel in dem übertragenden Sinn. Wir können die Schlüssel der Menschlichkeit, der Barmherzigkeit, der Nächstenliebe, des „Zuhören Könnens", des „Brücken Bauens", des Verzeihens, usw. benutzen.

Indem wir diese Schlüssel benutzen, werden wir selbst zum Schlüssel. Wir benutzen Schlüssel, die uns in die Hand gegeben worden sind und in die Hand gegeben werden. Wir werden ein Schlüssel, eine Schlüsselfigur. Dazu sind wir berufen.

Wir setzen letzten Endes das ein, was wir sind und wozu wir berufen sind. So öffnen wir eine Tür und damit den Blick auf eine andere Welt, auf die Welt des Messias, des Heilandes, des „Sohn des lebendigen Gottes". Wenn wir solche Blicke ermöglichen, wenn wir solche Schlüssel zu solchen Perspektiven sind, wenn wir solche Schlüsselfiguren sind, werden wir zu Schlüsselerlebnissen für die Menschen, die zwar Schlüssel in den Händen haben, aber nicht wissen, wie und wo sie diese zum Einsatz bringen können.

Im Augenblick erlebe ich es viel, dass moderne Musik, wie zum Beispiel von Xavier Naidoo, ein Schlüssel sein kann, um Erfahrungen mit religiösen Inhalten (wieder) zu machen. Die Musik geht unter die Haut und mit dieser Musik auch oftmals so mancher Text. Warum sollen das keine Schlüsselerlebnisse sein? Warum soll Xavier Naidoo nicht ein Schlüssel sein, auch wenn er selbst noch Schlüsselerlebnisse braucht, um in das Bekenntnis von Petrus einstimmen zu können: Jesus, du bist der Messias, der Sohn des lebendigen Gottes. Ich wünsche es ihm.

Bringen wir alle Schlüssel zum Einsatz, die uns in die Hand gegeben sind!

Bringen wir uns selbst zum Einsatz!

Bringen wir unsere Berufung zum Einsatz! Schlüsselerlebnisse, die auf den Messias verweisen, braucht unsere Zeit. So „erdet" dann der Himmel.

C) 6. Predigt zu Matthäus 18,15–20

Von der Verantwortung für den Bruder:

Wenn dein Bruder sündigt, dann geh zu ihm und weise ihn unter vier Augen zurecht. Hört er auf dich, so hast du deinen Bruder zurückgewonnen. Hört er aber nicht auf dich, dann nimm einen oder zwei Männer mit, denn ***jede Sache muss durch die Aussage von zwei oder drei Zeugen entschieden werden.*** *Hört er auch auf sie nicht, dann sag es der Gemeinde. Hört er aber auch auf die Gemeinde nicht, dann sei er für dich wie ein Heide oder ein Zöllner. Amen, ich sage euch: Alles, was ihr auf Erden binden werdet, das wird auch im Himmel gebunden sein und alles, was ihr auf Erden lösen werdet, das wird auch im Himmel gelöst sein. Weiter sage ich euch: Alles, was zwei von euch auf Erden gemeinsam erbitten, werden sie von meinem himmlischen Vater erhalten. Denn wo zwei oder drei in meinem Namen versammelt sind, da bin ich mitten unter ihnen.*

Diese Stelle aus dem Matthäusevangelium konfrontiert uns mit Themen, welche durchaus gut in die heutige Zeit passen: Autorität zu haben und „Entscheider" zu sein.

Ob an dieser Stelle die Apostel allein angesprochen wurden oder noch andere dabei waren, bleibt offen.

Diesen zuhörenden Jüngern spricht Jesus Autorität zu. Im 16. Kapitel spricht Jesus diese Autorität zuerst Petrus zu, nun erweitert er sie in diesem Kapitel auf diese Jünger, die da versammelt sind.

Diese Autorität ist vom Himmel anerkannt – so lesen wir weiter. Mit dieser Autorität ausgestattet zu sein und damit auch „Entscheider" zu sein, üben diese Jünger eine besondere Funktion aus. Ich glaube, dass uns dabei allen klar ist, dass es nicht um ewige Dinge gehen kann, sondern um solche, die mit der Verwaltung Gottes auf der Erde zu tun haben. Ewige Dinge sind sicher allein Gott vorbehalten. Hier kann es nur um Entscheidungsautorität gehen, die mit der Verwaltung auf der Erde zu tun hat. Darum gefällt mir auch das konkrete Beispiel sehr gut. Es geht um eine konkrete Situation.

Die Autoritätsperson geht zu diesem „Sünder". Es findet ein Gespräch unter vier Augen statt. Da wird nicht einer bloß gestellt, da wird nicht ein Versagen an die Öffentlichkeit gezerrt – es findet ein Gespräch statt. Thema und Inhalt bleiben in diesem Kreis. Für mich ist dieses Vorgehen auch ein Zeichen von Wertschätzung – auch einem Sünder gegenüber.

Wenn dieses Gespräch in diesem Rahmen nichts fruchtet, dann sollen noch mehr Personen mit einbezogen werden. Der Kreis wird größer, aber die Vertraulichkeit bleibt. Für mich ist auch diese zweite Phase des Entscheidungsprozesses ein Akt von Wertschätzung dem Sünder gegenüber.

Im dritten Akt dieses Prozesses kommt die Gemeinde mit ins Gespräch. Die Gemeinde wird mit einbezogen. Der Kreis wird größer. Natürlich könnte man jetzt diskutieren, wer ist diese Gemeinde? Wie setzt sie sich zusammen?

Ich möchte mehr auf die dritte Chance für den Sünder hinaus. Er könnte ja jetzt diese dritte Chance nutzen. Wieder kommt die Wertschätzung in der Autorisierung der Jünger und der Gemeinde zum Ausdruck: „Entscheider zu sein", bedeutet immer wieder Brücken zu bauen: Zur Umkehr, zur Veränderung.

Drei Versuche sollen den Sünder zur Umkehr bewegen.

Und wie sieht dann das Urteil aus, wenn der Sünder nicht umkehrt, seinen Irrweg nicht verlässt? „...er sei für dich wie ein Heide oder ein Zöllner", das lesen wir im Text. Auch dieses Ergebnis des Entscheidungsprozesses hat etwas mit Wertschätzung zu tun.

Wie ist Jesus mit Heiden und Zöllnern umgegangen? Bei wem war er auch? Wie hat er doch unter anderem beim Zöllner Zachäus den Kontakt gesucht!

Ein Heide und ein Zöllner sind also nicht ein „Nichts“. Auch ihnen gebührt Wertschätzung. Der Sünder verliert also nicht sein „Mensch sein“. Im konkreten Entscheidungsprozeß von Menschen, auch von den autorisierten Menschen und „Entscheidern“ in der Kirche und in anderen Führungspositionen, geht es um Dinge hier auf der Erde. Wie am Anfang ja auch schon gesagt: Es geht hierbei um die Verwaltung Gottes hier auf der Erde.

Ewige Dinge werden Gott vorbehalten sein. So heißt es auch deutlich im Evangelium: „...dann sei er für dich wie ein Heide oder ein Zöllner“.

Hervorheben möchte ich: **Da steht nicht, dass er für Gott wie ein Heide oder ein Zöllner ist.**

In dieser Aussagerichtung spüre ich wieder viel Wertschätzung – und zwar die ewige Wertschätzung Gottes. Und da sehe ich Unterschiede zwischen der Autorität von Menschen und der Autorität Gottes. Entscheidungsprozesse von Menschen sollen wertschätzend geführt werden – gerade auch von „Entscheidern“ in der Kirche.

Dazu ruft diese Bibelstelle sehr konkret auf. Solch geführte Entscheidungsprozesse werden auch von Gott akzeptiert. Er stellt sich wertschätzend dahinter – noch mehr: „Denn wo zwei oder drei in meinem Namen versammelt sind, da bin ich mitten unter ihnen“. Er ist mit dabei.

Vielleicht darf ich etwas provokativ schließen: Für die autorisierten Entscheider in der Kirche sind „Wiederverheiratet Geschiedene“ und manch andere Menschen die, die vielleicht auch ganz gut zu dieser Stelle passen würden.

Vielleicht wird auch manchmal so vorgegangen, wie es hier beschrieben wird.

Nur freue ich mich, dass es neben autorisierter menschlicher Entscheidung noch etwas anderes gibt: die Gnadenquelle einer Kirche, die einer Verwaltung unterworfen ist. Die aber auch die Verwalter bereichert und erfüllt.

Und die gleichzeitig auch ohne Verwaltung sprudelt.

C) 7. Predigt zu Matthäus 28,16–20

Im Auftrag des Auferstandenen:

Die elf Jünger gingen nach Galiläa auf den Berg, den Jesus ihnen genannt hatte. Und als sie Jesus sahen, fielen sie vor ihm nieder. Einige aber hatten Zweifel. Da trat Jesus auf sie zu und sagte zu ihnen: Mir ist alle Macht gegeben im Himmel und auf der Erde. Darum geht zu allen Völkern und macht alle Menschen zu meinen Jüngern; tauft sie auf den Namen des Vaters und des Sohnes und des Heiligen Geistes, und lehrt sie, alles zu befolgen, was ich euch geboten habe. Seid gewiss: Ich bin bei euch alle Tage bis zum Ende der Welt.

Der 1. Ökumenische Kirchentag in Berlin ist nun schon einige Jahre her. Dieses große Treffen der Christen hat viele Menschen angelockt. Die Medien haben ja mehr oder wenig kräftig darüber berichtet. Angeblich war der Streit um das gemeinsame Abendmahl **das** Thema. Von den Medien wurde man als Theologe zumindest ständig auf das Thema angesprochen. Natürlich ist das Diskutieren gut und richtig, aber es gibt eben Vorgaben, die gegeben wurden. Auch Kraft der Autoritäten, die es nun mal gibt und geben muss. Wer zu einer Kirchengemeinschaft ja sagt, sollte dieses ja auch nicht nur dann wiederholen, wenn es ihm oder ihr passt. Das ja sagen zur Kirchengemeinschaft bedeutet für die katholischen und evangelischen Christen das ja sagen zu der Botschaft des heutigen Evangeliums, speziell zu den Versen: „Mir ist alle Macht gegeben im Himmel und auf Erden. Darum geht zu allen Völkern und macht alle Menschen zu meinen Jüngern; tauft sie auf den Namen des Vaters und des Sohnes und des Heiligen Geistes". Christus ist diese Macht gegeben, ihm ist **alle** Macht gegeben. Wollen wir Menschen im Blick auf die Ökumene etwas gewaltsam erzwingen, was durch diesen Jesus Christus gegeben werden muß? Wir haben ein gemeinsames Fundament, auch gilt die gleiche Taufe für beide große Kirchen als Einbindung in die konkrete Kirchengemeinschaft. Das ist sehr viel und begründet doch eine enorme Energiequelle, die aus Jesus Christus heraus nicht nur genährt wird, sondern lebt.
Mir ist dieses Geschehen auf dem ökumenischen Kirchentag wieder besonders deutlich geworden: In den Kuppeln der beiden großen Kirchen von Berlin, der (katholischen) Hedwigskathedrale und dem (evangelischen) Berliner Dom, war jeweils ein Strahler untergebracht, der jeweils auf die andere Kirche ausgerichtet war. Nachts sah man diese beiden Strahlen, die sich irgendwo in der Mitte zwischen den beiden Kirchen treffen sollten. Ich schreibe bewusst: Sollten! Denn sie taten es nicht immer. Dies konnte ich gut von unserem Standort auf dem Schlossplatz beobachten. Die eigentlich gewünschte Symbolik war klar. Die Strahler aus den beiden Hauptkirchen sollten ein „Aufeinanderzugehen" beider großen Kirchen symbolisieren. Es gibt Verbindungen zwischen den Kirchen, es gibt Aktivitäten, die

das Gemeinsame deutlich machen. Aus der stationären, konfessionsgebundenen Kirche heraus kommt dieses Licht und „beschießt" nicht die andere Kirche, sondern will die Berührung, will ein Band bilden. Doch dieses Zusammenkommen klappt nicht immer (darum schreibe ich oben von einem „sollen").

Nur wenn die Luftfeuchtigkeit hoch genug ist, gelingt dieses Zusammenkommen der Strahlen sichtbar. Welch eine weitere inhaltsvolle Symbolik: Damit dieses Zusammenkommen auch sichtbar gelingt, muss etwas außerhalb unserer Macht stehendes dazukommen: Feuchtigkeit. Im katholischen Bereich segnen wir oft mit Weihwasser, mit Feuchtigkeit. Bei der Taufe ist Wasser ein wesentlicher Bestandteil für die Gültigkeit. So brauchen die beiden Lichtstrahlen Feuchtigkeit, um sich sichtbar zu treffen und eine Einheit zu bilden; eine Feuchtigkeit, die von oben kommt.

Seien wir Strahler (ob im Großen oder im Kleinen), die aus einer Kirche heraus, mit ihrem Fundament, mit ihrer Vergangenheit, mit ihren harten Ecken und Kanten auf die andere Kirche zielen.

Und vertrauen wir darauf, dass unsere Energie zum Strahlen nicht ausgeht und der Satz des heutigen Evangeliums gilt: „Mir ist alle Macht gegeben, im Himmel und auf Erden". Er ist diese „Feuchtigkeit", die ermöglicht, was wir halt bezielen.

C. 8. Predigt zu Markus 1,29-39

Die Heilung der Schwiegermutter des Petrus: 1,29-31

Sie verließen die Synagoge und gingen zusammen mit Jakobus und Johannes gleich in das Haus des Simon und Andreas. Die Schwiegermutter des Simon lag mit Fieber im Bett. Sie sprachen mit Jesus über sie, und er ging zu ihr, fasste sie an der Hand und richtete sie auf. Da wich das Fieber von ihr und sie sorgte für sie.

Die Heilung von Besessenen und Kranken: 1,32-34

Am Abend, als die Sonne untergegangen war, brachte man alle Kranken und Besessenen zu Jesus. Die ganze Stadt war vor der Haustür versammelt, und er heilte viele, die an allen möglichen Krankheiten litten, und trieb viele Dämonen aus. Und er verbot den Dämonen zu reden; denn sie wussten, wer er war.

Aufbruch aus Kafarnaum: 1,35-39

In aller Frühe, als es noch dunkel war, stand er auf und ging an einen einsamen Ort, um zu beten. Simon und seine Begleiter eilten ihm nach, und als sie ihm fanden, sagten sie zu ihm: Alle suchen dich. Er antwortete: Lasst uns anderswohin gehen, in die benachbarten Dörfer, damit ich auch dort predige; denn dazu bin ich gekommen. Und er zog durch ganz Galiläa, predigte in den Synagogen und trieb die Dämonen aus.

Beim Lesen des heutigen Evangeliums bleibt bei mir ein Satz besonders hängen:
„Alle suchen dich".
Und dabei sind alle drei Worte wichtig.
Wer sind diese **„alle"**?
Sind es die Menschen, die Jesus mal kennen gelernt haben? Die von ihm gehört haben? Oder sind es die Menschen, die krank sind, die geheilt werden wollen und zwar in dem umfassenden Sinn krank sind, wie es das Evangelium beschreibt? Oder sind es seine Jünger und die Männer und Frauen, die mit Jesus unterwegs sind?
Was heißt **„suchen"**?
Manche Menschen suchen zeitweise, mit mehr oder weniger Energie.
Manche Menschen suchen das ganze Leben lang oder auch erst so richtig nach besonderen Ereignissen, wie Schicksalsschläge. Suchen kann man intensiv oder auch oberflächlich. Das Ziel der Suche kann sehr profan sein – aber auch „der Sinn des Lebens" oder „der Beweggrund des Seins" oder auch „die enge Beziehung zu Gott". Heilung, Kraft in der Krankheit und Hoffnung an Wendepunkten sind sicher auch Aspekte einer Suche.
Am Wallfahrtsort „Aufhofener Käppele" in Schemmerhofen findet sich eine Gedenkstätte für Suchende. Immer wieder sind dort Menschen zu finden, die auf der Suche sind. Bei Prozessionen ist diese Gedenkstätte immer eine Station, bei der man an die Anliegen dieser Suchenden denkt.
Wer auf der Suche ist, lebt gesund seine Sehnsüchte. Sehnsüchte sind nichts starres, nichts gleich bleibend – festes. Sehnsüchte bewegen den Menschen. In den unterschiedlichen Phasen des Lebens sind sie auch unterschiedlich stark ausgeprägt. Die Sehnsüchte werden durch Ereignisse verstärkt oder auch verändert.

Ich glaube, dass der Mensch in drei grundsätzliche Sehnsüchte eingebunden ist. Diese bewegen ihn. Diese „Ursehnsüchte“ arbeiten in ihm, gehören zu seinem Leben, prägen sein Leben.
Zu beachten sind dabei immer, was auch schon im Wort selbst deutlich wird: Das positive „sehnen“, das bewegt, fördert, den Menschen auf eine Suche führt – und das negative „Sucht“ ,dass in eine Enge, in ein Extrem, in etwas Krankhaftes führt.
So ist das Gestalten dieser drei Sehnsüchte in diese beiden Pole eingebunden.

Die **erste** Sehnsucht ist die Sehnsucht nach Menschen. Kein Mensch kann alleine glücklich sein und glücklich werden. Wir brauchen andere Menschen, wir brauchen Annahme, wir brauchen das „Du“ des anderen Menschen. Gemeinschaft unter Menschen ist etwas Lebensspendendes, ist eine Urausrichtung des Menschen. Sie kann zur Sucht werden (man kann nicht mehr alleine sein) und sie kann tragend, etwas Kraftgebendes sein.

Die **zweite** Sehnsucht ist die Sehnsucht nach sich selbst. Wer bin ich, was steckt in mir? Welche Wurzeln habe ich und woraus lebe ich? Ich versuche mich zu ergründen, mich zu verstehen und mich zu durchleuchten. Ich versuche Fehler und Stärken fest zu machen, zu verstehen, ein zu ordnen. Ich versuche, mich selbst zu verstehen und mich zu formen.
Diese Sehnsucht kann auch zur Sucht werden. Ich kreise nur noch um mich selbst, um meine Bedürfnisbefriedigung bis hin zum Stylen meines Körpers und noch mehr.

Die **dritte** Sehnsucht ist die Sehnsucht nach einer Transzendenz. Was bewegt die Welt? Wie ist die Welt erstanden? Was ist mit unseren Sinnen nicht erfahrbar und was erscheint uns anders, als es in Wirklichkeit ist? Was ist das für eine Wirklichkeit hinter unserer erfahrbaren Wirklichkeit? Gibt es da Mächte, die uns beherrschen? Kräfte, deren Werkzeug wir sind? Haben wir Möglichkeiten, an diesen Mächten zu partizipieren und dadurch Macht zu gewinnen? Auch diese Sehnsucht kann zur Sucht werden, ich werde zum Sklaven dieser transzendenten Macht. Und mit dieser dritten Sehnsucht sind wir auch schon bei dem dritten Wort unseres Satzes des Evangeliums: Alle suchen dich.

Wir sind bei dem **„dich“**, bei Jesus.

Die Menschen suchen Jesus. Sie suchen und sie spüren ihre Sehnsüchte, nach Heil und nach Heilung - nicht nach Versklavung, nicht nach einem „krank werden“.

Jesus gibt ihnen Antwort, er antwortet nicht abstrakt, nicht abgehoben, nicht dogmatisch. Er lebt ihnen seinen Lebensinhalt, seine Berufung vor. Er geht mit Ihnen ein Teil seines und ihres Lebensweges. Und: Er lässt sie suchen, er provoziert eine Suche. Er lässt die Menschen aufbrechen, er setzt sie in Bewegung. Er nährt ihre Sehnsüchte, er fordert sie in ihren Sehnsüchten heraus. Jesus zieht umher, so schildert es auch das heutige Evangelium. Er heilt. Er stiftet Gemeinschaft. Er schließt nicht aus – sondern ein. Mit seinen Jüngern zieht er los. Aus der Gemeinschaft mit Menschen heraus bewirkt er Wunder – durch Berührung von Mensch zu Mensch. Jesus packt diese Menschen bei der Sehnsucht nach Menschen. Er heilt Menschen. Er vertreibt Dämonen. Er trifft Menschen ins Innerste. Er löst Menschen aus krankhaften Prozessen heraus. Er führt Menschen aus einer inneren Versklavung heraus. Jesus packt diese Menschen bei der Sehnsucht nach sich selbst.

Immer wieder lenkt Jesus den Blick auf Gott, seinen und unseren Vater. Seinen Auftrag erfüllt Jesus, seinem Heilsplan will Jesus dienen. Immer wieder zieht Jesus sich zurück, um zu beten. Jesus packt die Menschen bei ihren Sehnsüchten. Er nährt diese Sehnsüchte.

In der Sehnsucht finden Begegnungen statt, wächst Neues, fundiert sich ein Aufbruch, werden Grenzen überschritten. Die gelebte Liebe Jesu Christi ist Nahrung und Stärkung auf dem Weg der Entfaltung dieser Sehnsüchte der Menschen damals gewesen. Sie war Suche und Begegnung.

So ist das Leben von Jesus und sein Liebesgebot „Die Liebe zu Gott, die Liebe zu den Menschen und die Liebe zu sich selbst“ gleichzeitig eine Suche und gleichzeitig ein Leben der Sehnsüchte.

C) 9. Predigt zu Markus 4,35–41

Der Sturm auf dem See:

Am Abend dieses Tages sagte er zu ihnen: Wir wollen ans andere Ufer hinüberfahren. Sie schickten die Leute fort und fuhren mit ihm in dem Boot, in dem er saß, weg; einige andere Boote begleiteten ihn. Plötzlich erhob sich ein heftiger Wirbelsturm, und die Wellen schlugen in das Boot, so dass es sich mit Wasser zu füllen begann. Er aber lag hinten im Boot auf einem Kissen und schlief. Sie weckten ihn und riefen: Meister, kümmert es dich nicht, dass wir zugrunde gehen? Da stand er auf, drohte dem Wind und sagte zu dem See: Schweig, sei still! Und der Wind legte sich und es trat völlige Stille ein. Er sagte zu ihnen: Warum habt ihr solche Angst? Habt ihr noch keinen Glauben? Da ergriff sie große Furcht und sie sagten zueinander: Was ist das für ein Mensch, dass ihm sogar der Wind und der See gehorchen?

Diese Wundererzählung, die hier berichtet wird, kennen die meisten von uns. Wichtig sind sicherlich mehrere Aspekte. Ich möchte heute den Aspekt „Sturm" herausgreifen. Gerade bei den heftigen Gewittern der vergangenen Jahre haben wir solche Stürme hautnah und fühlbar erlebt. Doch mir geht es gar nicht um diese heftigen Stürme in der Natur oder auch um die heftigen Stürme im Leben einzelner Menschen. Mir geht es um Stürme unserer Zeit, die vielfältig durch alle Bereiche unserer menschlichen Existenz „fegen".

In diesem Zusammenhang möchte ich nochmals den 1. Ökumenischen Kirchentag in Berlin vom 28.05. – 01.06.2003 ins Blickfeld rücken. Hat der Kirchentag frischen Wind in diese doch sehr säkularisierte Stadt gebracht? War es nur eine Böe? Oder hat dieser Wind auf längere Sicht etwas bewirkt?

Und auch umgekehrt. Hat dieser Kirchentag frischen Wind in unsere christliche Gemeinschaft gebracht – für Berlin und für die deutsche Christengemeinschaft? Oder auch Europaweit – bis nach Rom?

In Berlin war in dieser Zeit ein Geist des Aufbruchs zu spüren, ein Geist, der wehen will. Ein Geist, der einzelne Menschen entfacht hat und bis in die größere Gemeinschaft hinein spürbar war. Nicht der Sturm gegen die Amtskirche, gegen eine Mauer hierarchischer Macht, fegte durch Berlin, auch wenn dies gerne manche in gewissen Medien und auch vor Ort gesehen hätten. Sondern es wehte ein anderer Wind, schwer einzuordnen, festzumachen, schwer in seiner Intention und seiner Intensität zu definieren.

Ich glaube, dass dieser Ökumenische Kirchentag damals, wie auch die Katholikentage und Kirchentage sanfte Stürme waren, für viele und für vieles in unserer Christengemeinschaft und darüber hinaus.

Der „Menschen gemachte“ Sturm des medienwirksamen Aufbegehrens blieb aus. Diese Art Sturm musste sich unterordnen, einfügen, und einem anderen „Gottgewollten“ Wind den Vortritt lassen. Für mich sind solche Katholikentage und Kirchentage wie eine Bootsfahrt.

Schauen wir wieder auf das Boot auf dem See im heutigen Evangelium.

Jesus ist doch mit im Boot. Wie auch im Boot unserer Christengemeinschaft heute. Wie würden wir die Frage Jesu beantworten: „Warum habt ihr solche Angst? Habt ihr noch keinen Glauben?“ Unsere Kirche hat schon viele Stürme überlebt. Stürme in heftigster Art und Weise. Welche Stürme sind das? Heute sind es weniger die Stürme von Christenverfolgungen. Es sind Stürme anderer Art. Das haben ein stückwoit manche Massenmedien geschafft – durch Verleumdung, Unterstellung, Verletzung von Privatsphäre und ein „an den Pranger stellen“ von Sündern in der Kirche: Das Vertrauen in die Kirche ist auf einem Tiefpunkt. Das traditionsorientierte Wertesystem unserer Kirche ist demontiert – auch durch einen ständig aushöhlenden Wind einer Gesellschaft, die meint, die Freiheit des Menschen schaffen zu müssen und dabei nicht spürt, dass sie selbst Opfer dieses Windes geworden ist.

Sich gegen die Kirche zu äußern ist durchaus gut zu vertreten. Selbst auf dem Ökumenischen Kirchentag hieß es doch auf Luftballons: Gott ja – Kirche nein.

Der Wind bläst eigentlich nicht mehr gegen die Kirche, sondern er schaukelt die Kirche, wie ein Boot im See. Und manche, auch durchaus Christen, meinen, sie werden verschaukelt. Manche flüchten in einen Aktivismus. Andere in elitäres Denken. Wieder andere in eine Gebetshysterie und Weltuntergangsprophetie. Dann gibt es die in eine Lethargie versinkenden Menschen, die mit der Bibel im Rucksack, oder auch die nach einer strafferen Ordnung schreienden Menschen und die auf früher verweisenden Menschen.

Das Boot schaukelt durch den Wind unserer Zeit, aber auch durch die in verschiedene Reaktionen eingebundenen Menschen. Wir sind alle im schaukelnden Boot. Egal, in welche Richtung von Religion und religiöser Hinwendung wir uns hingezogen fühlen.

Oder sind es verschiedene Boote? Boote, je nach religiöser Zugehörigkeit? In welchem Boot sitzen die Mitglieder anderer Religionen? Alle Boote schaukeln im See – so lesen wir im biblischen Text. Und wie war das mit dem Boot der Jünger im See? Jesus ist doch mit im Boot. Müssen wir ihn wecken?

Ich glaube, dass Jesus immer mit im Boot ist. In diesem Vertrauen dürfen wir rudern und unterwegs sein. Auch mit dem Blick auf weitere Ökumenische Kirchentage in der Zukunft.

C) 10. Predigt zu Markus 10,35-45

Vom Herrschen und vom Dienen:

Da traten Jakobus und Johannes, die Söhne des Zebedäus, zu ihm und sagten: Meister, wir möchten, dass du uns eine Bitte erfüllst. Er antwortete: Was soll ich für euch tun? Sie sagten zu ihm: Lass in deinem Reich einen von uns rechts und den andern links neben dir sitzen. Jesus erwiderte: Ihr wisst nicht, um was ihr bittet. Könnt ihr den Kelch trinken, den ich trinke, oder die Taufe auf euch nehmen, mit der ich getauft werde? Sie antworteten: Wir können es. Da sagte Jesus zu ihnen: Ihr werdet den Kelch trinken, den ich trinke, und die Taufe empfangen, mit der ich getauft werde. Doch der Platz zu meiner Rechten und zu meiner Linken habe nicht ich zu vergeben; dort werden die sitzen, für die diese Plätze bestimmt sind. Als die zehn anderen Jünger das hörten, wurden sie sehr ärgerlich über Jakobus und Johannes. Da rief Jesus sie zu sich und sagte: Ihr wisst, dass die, die als Herrscher gelten, ihre Völker unterdrücken und die Mächtigen ihre Macht über die Menschen missbrauchen. Bei euch aber soll es nicht so sein, sondern wer bei euch groß sein will, der soll euer Diener sein, und wer bei euch der Erste sein will, soll der Sklave aller sein. Denn auch der Menschensohn ist nicht gekommen, um sich dienen zu lassen, sondern um zu dienen und sein Leben hinzugeben als Lösegeld für viele.

Ah, dachte ich, als ich diese Perikope nun wieder las. Diese menschlichen Seiten der Jünger werden deutlich. Und doch geht es sicher wieder um ein „mehr“ bei Jesus und in dieser Aussage der Perikope und ihres Zusammenhanges bei Markus.
Es geht erstmal ganz banal um „Ehrenplätze“. Da fällt mir so manche Veranstaltung in Festzelten ein, wo es auch um Ehrenplätze ging. Man wird zum Platz geleitet und sitzt dann ganz vorne, manchmal sogar neben dem Vereinspräsidenten oder Veranstalter. „Ach wie toll“, fällt mir dazu nur ein und ich hoffe, jetzt keinen zu beleidigen. Die besten Plätze sind nicht vorne in der ersten Reihe. Bei Blasmusik

sitzt man gerne weiter hinten, da kann man gut hören und sehen. Vorne sitzt man auf dem Präsentierteller. Man wird gesehen und mehr oder weniger gehuldigt. Und manche haben das gerne.

Der Evangelist holt den Leser erstmal da ab: Bei menschlichen Gedankengängen und all zu menschlichen Bitten. Vielleicht fallen uns da auch welche ein, wenn wir mal darüber nachdenken. Der Schreiber des Evangeliums will sicher eine deutliche Intention in diese Perikope hineinlegen.

Vorausgegangen ist die letzte Leidenskündigung von Jesus. Der Schreiber will sicher das vorher schon deutlich gewordene Jüngerunverständnis nochmals hervorheben (9,33ff).

Danach folgt die Blindenheilung. Kontrastreicher kann es kaum zugehen in dieser Unterweisung. Jesus will Nachfolger. Jesus will Menschen, die Zeugnis geben. Jesus will Menschen, die ihren persönlichen Berufungsweg gehen – unbeirrbar.

So wie die Taufe individuell ist, die Taufgnade maßlos ist, die Berufungswege unzählbar sind. Diese Größe hat Jesus vor Augen. Die Berufung auf einen solchen persönlichen Weg stellt er in den Mittelpunkt.

Und er stellt einen Zusammenhang mit seinem Weg her: „Könnt ihr den Kelch trinken, den ich trinke, oder die Taufe auf euch nehmen, mit der ich getauft werde?“ Einfach und fast so locker vom Hocker klingt da die Antwort der beiden Jünger: „Wir können es“.

Becher und Taufe sind hier sicher metaphorische Ausdrücke für drohendes Unheil (vgl. Ps 75,9; Jer 51,7; Jes 43,2). Oder denken wir an den „Becher des Heiles“ und gleichzeitig auch an „ Lass diesen Kelch an mir vorübergehen“ in der Nacht vor dem Sterben Jesu. Wir wissen, zumindest von Jakobus, dass er sein Martyrium erlitten hat (Apg 12,2).

Gott der gerechte Richter: Psalm 75,9

Ja, in der Hand des Herrn ist ein Becher, herben, gärenden Wein reicht er dar; ihn müssen alle Frevler der Erde trinken, müssen ihn samt der Hefe schlürfen.

Gottes Strafgericht: Jeremia 51,7

Babel war in der Hand des Herren ein goldener Becher, der die ganze Erde berauschte. Von seinem Wein haben die Völker getrunken; deshalb haben sie den Verstand verloren.

Die Heimkehr Israels: Jesaia 43,2:
Wenn du durchs Wasser schreitest, bin ich bei dir, wenn durch Ströme, dann reißen sie dich nicht fort. Wenn du durchs Feuer gehst, wirst du nicht versengt, keine Flamme wird dich verbrennen.

Die Hinrichtung des Jakobus und die Verhaftung des Petrus: Apostelgeschichte 12,2
Jakobus, den Bruder des Johannes, ließ er mit dem Schwert hinrichten.

Das Martyrium von Johannes liegt im historischen Dunkel.
Sie werden also den Weg der Nachfolge gehen. Sie werden ihr Martyrium erleiden. Sie werden also den Kelch trinken und die Taufe auf sich nehmen. Unbeschadet der Plätze, die sie zugewiesen bekommen werden. Sie haben also nicht einen weiteren Schritt, der in der folgenden Aussage deutlich wird, noch hinzugefügt: „Wenn ich das nicht so bekomme, gehe ich und werde andere Wege gehen". So klein kariert sie in Ihrer Frage nach den Plätzen sind, so treu sind sie doch auch auf Ihrem Berufungsweg. Das finde ich sehr positiv, ermutigend und wertschätzend an dieser Perikope – auch im Blick auf menschliche Schwachheiten.
Auch wir können manchmal klein kariert und engstirnig sein. Wir werden aber nicht verworfen, sondern der Blick wird geweitet: In ganz andere Dimensionen.
Zum Beispiel in Lourdes: Was ist da unser Klagen im Anblick mancher Kranken?
Zum Beispiel vor dem Fernseher: Was ist da unser Klagen bei dem Anblick von Slums?
Jesus weitet durch sein Leben den Blick. Er macht Engstirnigkeit und zu irdisches Denken zunichte. Und zwar in einer enorm wertschätzenden Art: Er stellt die Jünger nicht bloß. Er sagt nicht: „Wie könnt ihr so denken". Er behandelt sie in ihrem Denken nicht wie abschreckende Beispiele. Er droht nicht mit Hölle und Verdammnis. Er ermutigt sie. Er antwortet auch auf ein solches Ansinnen in Bezug auf Ehrenplätze. Er holt sie da ab, wo sie sich (noch) befinden. Und die andere Seite ist auch mut machend. Die Jünger gehen mit einem solchen Ansinnen zu Jesus. Sie getrauen sich. Sie wollen Nähe zu Jesus und haben diese auch. Würde man sonst so zu einem gehen, mit dem man unterwegs ist? Da ist vieles gewachsen. Und es muss noch manches wachsen.

C) 11. Predigt zu Johannes 1,1–18

Der Prolog:

Im Anfang war das Wort, und das Wort war bei Gott, und das Wort war Gott. Im Anfang war es bei Gott. Alles ist durch das Wort geworden und ohne das Wort wurde nichts, was geworden ist. In ihm war das Leben und das Leben war das Licht der Menschen. Und das Licht leuchtet in der Finsternis und die Finsternis hat es nicht erfasst. Es trat ein Mensch auf, der von Gott gesandt war; sein Name war Johannes. Er kam als Zeuge, um Zeugnis abzulegen für das Licht, damit alle durch ihn zum Glauben kommen. Er war nicht selbst das Licht, er sollte nur Zeugnis ablegen für das Licht. Das wahre Licht, das jeden Menschen erleuchtet, kam in die Welt. Er war in der Welt und die Welt ist durch ihn geworden, aber die Welt erkannte ihn nicht. Er kam in sein Eigentum, aber die Seinen nahmen ihn nicht auf. Allen aber, die ihn aufnahmen, gab er Macht, Kinder Gottes zu werden, allen, die an seinen Namen glauben, die nicht aus dem Blut, nicht aus dem Willen des Fleisches, nicht aus dem Willen des Mannes, sondern aus Gott geboren sind. Und das Wort ist Fleisch geworden und hat unter uns gewohnt und wir haben seine Herrlichkeit gesehen, die Herrlichkeit des einzigen Sohnes vom Vater, voll Gnade und Wahrheit. Johannes legte Zeugnis für ihn ab und rief: Dieser war es, über den ich gesagt habe: Er, der nach mir kommt, ist mir voraus, weil er vor mir war. Aus seiner Fülle haben wir alle empfangen, Gnade über Gnade. Denn das Gesetz wurde durch Mose gegeben, die Gnade und die Wahrheit kamen durch Jesus Christus. Niemand hat Gott je gesehen. Der Einzige, der Gott ist und am Herzen des Vaters ruht, er hat Kunde gebracht.

Dieser Prolog des Evangeliums nach Johannes ist ein grundlegender Text, der uns das göttliche Wesen des Wortes, das Leben und Licht ist, und seine Inkarnation unter uns offenbart: Jesus ist dieses Mensch gewordene Wort Gottes. Dieser Satz ist eine theologisch orientierte Aussage – für viele nachvollziehbar und ein wesentlicher grundlegender Glaubensinhalt. Vor einigen Wochen musste ich eine Ansprache anlässlich der „Einweihung“ einer Produktionserweiterungshalle halten. Die Firma stellt Verpackungen her.

In diesem Zusammenhang setzte ich mich mit dem Thema „Verpackung“ auseinander:

- Verpackung grenzt eine bestimmte Menge Ware ein.
- Verpackung garantiert eine bestimmte Sortierung von Waren.
- Verpackung fördert oder ermöglicht eine Haltbarkeit.
- Verpackung lässt Ware reifen.
- Verpackung und Ware bilden mehr oder weniger eine Einheit.
- Ohne Verpackung würde vieles verderben...

Auch zu Weihnachten haben viele etwas verpackt. An der Verpackung ist manchmal schon der oder die Einpackende erkennbar. In diese Blickrichtung gedacht, bilden Ware, Verpackung und Verpackende(r) einen mehr oder weniger erkennbaren Zusammenhang.

Und nun schauen wir mal auf Jesus, das Geschenk Gottes.
„Im Anfang war das Wort, und das Wort war bei Gott, und Gott war das Wort“, so lesen wir im Prolog. „Und das Wort ist Fleisch geworden und hat unter uns gewohnt...“, lesen wir weiter.
Und wenn wir jetzt eine Krippe in den Blick nehmen, schauen wir auf diesen Jesus, das Geschenk Gottes. Er ist eigentlich Verpackung und Ware zugleich.
In Jesus wurde das Wort Gottes erweitert: „Die Gnade und Wahrheit ist durch Jesus Christus geworden“.
Durch Jesus Christus erfährt das Wort Gottes eine neue Dimension. Ist es „reifer“ geworden?
Durch Jesus Christus entsteht das Christentum und damit wird eine Gruppe religiös denkender Menschen eingegrenzt, vielleicht „sortiert“?
Durch Jesus Christus wird die „Haltbarkeit“ von Gottes Wort durch jede Krise, durch jeden Schicksalsschlag, durch jedes Fehlverhalten hindurch verlängert und vielleicht auch überhaupt erst ermöglicht.
Ist Jesus, das Geschenk Gottes, das verpackte Wort Gottes?
Ist die Kirche, der mystische Leib Christi, das verpackte Wort Gottes?
Ist der Mensch als Ebenbild Gottes das verpackte Wort Gottes?
Jeder Mensch? Welcher Mensch? Welcher Mensch nicht?

Im Prolog des heutigen Evangeliums geht es um Grundlagen. Bei dem Thema Verpackung auch?

C) 12. Predigt zu Johannes 10,1-10

Der gute Hirt als Gegenbild zu Dieben und Räubern:

Amen, amen, das sage ich euch: Wer in den Schafstall nicht durch die Tür hineingeht, sondern anderswo einsteigt, der ist ein Dieb und ein Räuber. Wer aber durch die Tür hineingeht, ist der Hirt der Schafe. Ihm öffnet der Türhüter und die Schafe hören auf seine Stimme; er ruft die Schafe, die ihm gehören, einzeln beim Namen und führt sie hinaus. Wenn er alle seine Schafe hinausgetrieben hat, geht er ihnen voraus, und die Schafe folgen ihm; denn sie kennen seine Stimme. Einem Fremden aber werden sie nicht folgen, sondern sie werden vor ihm fliehen, weil sie die Stimme des Fremden nicht kennen. Dieses Gleichnis erzählte ihnen Jesus; aber sie verstanden nicht den Sinn dessen, was er ihnen gesagt hatte. Weiter sagte Jesus zu ihnen: Amen, amen, ich sage euch: Ich bin die Tür zu den Schafen. Alle, die vor mir kamen, sind Diebe und Räuber; aber die Schafe haben nicht auf sie gehört. Ich bin die Tür, wer durch mich hineingeht, wird gerettet werden; er wird ein - und ausgehen und Weide finden. Der Dieb kommt nur, um zu stehlen, zu schlachten und zu vernichten; ich bin gekommen, damit sie das Leben haben und es in Fülle haben.

Mehrfach wird das Wort Tür in diesem Evangelium genannt. Was verbinden wir mit dem Begriff „Tür“? Welche Türen kennen wir? In meiner Heimatgemeinde Emsbüren, hoch im Norden, hat ein Künstler zur Kirche schöne Bronzetüren gestaltet. Der Nachteil ist nur, dass sie sehr schwer sind und sich schwer öffnen lassen.
Ebenso fällt mir die schwer zu öffnende Tür zum Oblatenkloster in Biberach an der Riß ein. Auch da braucht man Kraft.
Als nächste Tür fällt mir die Glastür zu einer Sparkasse ein: Sie öffnet sich während der Öffnungszeiten automatisch – sobald der Bewegungsmelder eine Bewegung registriert. Oder auch die andere Tür dort, die sich nur öffnet, wenn ich die Scheckkarte durch den Schlitz des Öffnungsmechanismus ziehe.

Auch fällt mir die Tür vom Baumarkt in Laupheim ein: Drehtür. Da gibt es auch Türen, die sich nur zu einer Seite öffnen lassen – oder auch zu beiden Seiten. Viele Türen fallen mir ein, das wird allen so gehen.
Sogar im Internet gibt es Türen: Portale genannt. Durch diese Portale kann man sich weiterklicken – unendlich von Link zu Link. Türen, und darauf möchte ich hinaus, gehören zu unserer alltäglichen Lebenserfahrung. Nun hören wir im Evangelium, dass der Evangelist Jesus sagen lässt: „Ich bin die Tür zu den Schafen“ und nochmals bekräftigend „Ich bin die Tür“. Wir haben viele „Türerfahrungen“ in unserem Leben. Welche Tür könnte da auf Jesus passen? Welche Art von Tür könnten wir auf Jesus hin deuten?

a) Die Tür, die ich mit der Scheckkarte öffnen kann? Wohl kaum. Ohne Scheckkarte läuft da ja nichts. Ich muss Kunde sein, schon dazugehören. Ist Jesus nur für die „Auserwählten“ eine Tür?
b) Vielleicht ist vom Bild her die Tür gemeint, die sich zu einer Seite hin öffnen lässt? Durch diese Tür kann ich eintreten, sie öffnet sich und durch den Eintritt gehöre ich dazu? Ist Jesus vielleicht eine solche Tür?
Mir wäre das eigentlich zu wenig. Nur eintreten, nicht mehr hinauskönnen. Auch „hinauskönnen“ müsste doch möglich sein. Die Offenheit müsste doch auch da sein. Im Evangelium steht doch: „Er wird ein- und ausgehen“; beides ist auch öfters möglich, wird nicht ausgeschlossen!
c) Ob das Portal im Internet vielleicht als Bild von Tür auf Jesus passt? Durch dieses Portal öffnen sich mir Welten. Ich kann, wann ich will, in unendliche „Welten“ gelangen. Sie fesseln mich, doch kann ich sie, diese „Welten“ einordnen – und auch wieder in Freiheit verlassen?

Ob diese Art von Portal, von Tür, gut ist – mit Jesus in Verbindung gebracht werden kann? Es ist schwierig mit diesem Bild von Tür.
Mir kommt eigentlich die „Drehtür“ als ein Bild für Jesus am nächsten. Drehtüren sind in der Mitte fest verankert. Sie reagieren in der Regel nicht auf Druck, sondern der Mechanismus setzt die Drehgeschwindigkeit fest. Ich kann die Tür berühren – oder auch nur hindurchhuschen. Auch wenn man drückt, ob hinein oder hinaus, geht es nicht schneller. Man kann ohne Schwierigkeiten hinein und hinaus. Man sieht sich auch in der Regel, die, die kommen und die, die gehen. Drehtüren sind in der Regel

sehr einladend, durch das Glas lassen sie Aussichten und Blicke zu, hinein und hinaus.

Natürlich hinkt jedes Beispiel. Doch für mich ist Jesus eine Tür, die hinein und hinauslässt. Seine Gnade beruft, setzt die Tür in Bewegung. Er reguliert das „hineingehen". Er ist offen, verschließt nicht den Blick, hinein und auch hinaus. Zeit ist nötig. Auch ein fester Mechanismus ist Voraussetzung, dass die Tür sich bewegt. Auch Öl, auch eine Säuberung und Wartung müssen sein. Vielleicht auch mal Ersatzteile? Oder auch neue Mechanismen, die das Grundsätzliche an dieser Tür nicht verändern? Und natürlich muss der Mensch, der diese Tür benutzen will, auch „wollen" und innerlich, wie auch körperlich, „können". Jesus „lockt" durch sein „Tür sein". Wenn wir diese Tür nutzen, haben wir Zugang zu seiner Herde. Nicht eine „Geheimtür" oder eine „Auserwähltentür" ist Jesus, sondern eine Tür für alle. Nur nutzen sollte man sie. Dieses Nutzungsrecht haben wir, zumindest wir, die wir mit Jesus und seinem „Tür sein" Erfahrungswerte gesammelt haben. Ob die Zusage Jesu am Schluss des Textes: „...ich bin gekommen, damit sie das Leben haben und es in Fülle haben" eine Konsequenz dieser Nutzung ist, lässt sich wohl nicht „einklagen" – aber doch oft mit dem Blick in diese Welt „erahnen".

C) 13. Predigt zu Johannes 14,1-6 (Allerseelen)

Das Gespräch über den Weg zum Vater:

Euer Herz lasse sich nicht verwirren. Glaubt an Gott und glaubt an mich! Im Haus meines Vaters gibt es viele Wohnungen. Wenn es nicht so wäre, hätte ich euch dann gesagt: Ich gehe, um einen Platz für euch vorzubereiten? Wenn ich gegangen bin und einen Platz für euch vorbereitet habe, komme ich wieder und werde euch zu mir holen, damit auch ihr dort seid, wo ich bin. Und wohin ich gehe – den Weg dorthin kennt ihr. Thomas sagte zu ihm: Herr, wir wissen nicht, wohin du gehst. Wie sollen wir dann den Weg kennen? Jesus sagte zu ihm: Ich bin der Weg und die Wahrheit und das Leben, niemand kommt zum Vater außer durch mich.

Den Text des heutigen Evangeliums kennen viele auch von Beerdigungs-Gottesdiensten. Gerne wird er für solche Anlässe gebraucht. Ein Mensch muss seine Wohnung auf ewig verlassen.

Der Begriff „Wohnung haben“, bedeutet für viele Menschen etwas ganz unterschiedliches:

- Ich wohne im noblen Vorort einer Großstadt, großer Park, viele Räume, Schwimmbad.
- Ich wohne auf einem Dorf in einer großen Familie. Ein Bauernhof mit allem, was dazu gehört, ist meine und unsere Wohnung.
- Ich wohne in einer kleinen Mietwohnung im Hochhaus, bin getrennt lebend, zwei Kinder.
- Ich wohne in einem Kloster, habe mein Zimmer, aber sonst lebe ich mit Menschen unter einem Dach, die zusammengefügt wurden.
- Ich lebe auf einer Farm in Südafrika, arbeite dort und kenne nicht viel anderes, als meine Arbeit, die Farm und mein Zimmer.
- Ich lebe im Irak, bin Christ, habe eigentlich meine Wohnung, bin aber eigentlich „vogelfrei“, muss um mein Leben und das Leben meiner Familie fürchten, meine Wohnung – wie lange noch?

Solche Beispiele lassen sich natürlich beliebig erweitern. Aber sie zeigen uns die riesige Bandbreite, die Menschen mit dem Begriff „Wohnung“ verbinden.
Darum wird das heutige Evangelium auch verschiedene Assoziationen schon bei dem Wort „Wohnung“ hervorrufen. Je nachdem wie meine Erfahrungswerte, meine Ansprüche und auch meine Träume sind.
„Wohnung“ meint sicher wohl nicht nur eine örtliche Beheimatung. Erinnerungsstücke können meine „Wohnung“, meine Beheimatung sein. Menschen können meine „Wohnung“ sein. Die Kirche kann meine „Wohnung“ sein. Der Glaube ebenso – wie auch Lebensphilosophien.
Zeige mir deine Wohnung und ich sage dir, wer du bist – ein Satz, der es auch in diesem Zusammenhang des umfassenden Begriffes „Wohnung“ sicher in sich hat.
Jesus spricht in diesem Evangelium nicht von der diesseitigen und irdischen Wohnung. Er sagt, dass es im Hause seines Vaters viele Wohnungen geben würde. Er würde vorangehen, um einen Platz vorzubereiten.
Welche Wohnungsart ist da im Himmel wohl angedacht? Wie wird sie aussehen? Geht es da um eine örtlich festgelegte Wohnung und Heimat – oder um eine ganz andere Dimension von Wohnung?

Auch Thomas hier im Evangelium kann sich diese örtliche Gegebenheit der Wohnung nicht vorstellen. Aber das ist für ihn nicht vorrangig. Ihm geht es um den Weg: Wenn Wohnung – dann wie ist der Weg dahin.
Und Jesus antwortet auf diese Bewegung in Zielrichtung Wohnung mit Worten, die unermesslich angefüllt sind mit Inhalten: Weg. Wahrheit. Leben.
Und die Nennung dieser Inhalte überbietet er noch: Er sagt, ich bin der Weg und die Wahrheit und das Leben; niemand kommt zum Vater außer durch mich.
Immer wieder dürfen wir in der Bibel erleben, dass Jesus den Blick weitet. Jesus verlässt oft engstirniges Denken und einseitige Denkweisen. Jesus führt in die Weite, in den Horizont, in die Ferne. Er führt unseren Blick in Welten, die uns nicht zugänglich sind.
Er übersteigt immer wieder durch sein Leben, durch sein Reden und durch seinen Weg menschliches Reden und Handeln und menschliche Wege. Er provoziert damit Menschen, die allein auf Menschen gemachte Gesetze als ihre Wohnung und Beheimatung bauen. Aber nicht, um sie zu verdammen. Vielleicht lassen sie sich doch bewegen, den scheinbar gesicherten Schaukelstuhl ihres Wohnzimmers zu verlassen.
Er schließt keinen aus. Er will alle erreichen. Immer wieder. Egal wo diese Menschen wohnen: In welchem Land, in welchen Umständen und Gegebenheiten.
Er will sie zum Vater führen.
Jesu Weg, Jesu Wahrheit und Jesu Leben sind die Richtung zur Türklingel an der himmlischen Wohnung. Auch das Fest Allerseelen will uns diese Richtung in die himmlische Wohnung weisen, darum gehen viele an diesen Tagen auf die Friedhöfe.
Die Glocken klingen fast wie eine Türklingel.
Irgendwann werden wir drücken müssen – auf diese Klingel.
Und auch da steht im heutigen Evangelium etwas Mut machendes: „Wenn ich gegangen bin und einen Platz für euch vorbereitet habe, komme ich wieder und werde euch zu mir holen, damit auch ihr dort seid, wo ich bin".
Er will uns, dieser Jesus. Er will uns Heimat geben.

C) 14. Predigt zu Johannes 14,15-21

Trostworte an die Jünger:

Wenn ihr mich liebt, werdet ihr meine Gebote halten. Und ich werde den Vater bitten und er wird euch einen anderen Beistand geben, der für immer bei euch bleiben soll. Es ist der Geist der Wahrheit, den die Welt nicht empfangen kann, weil sie ihn nicht sieht und nicht kennt. Ihr aber kennt ihn, weil er bei euch bleibt und in euch sein wird. Ich werde euch nicht als Waisen zurücklassen, sondern ich komme wieder zu euch. Nur noch kurze Zeit, und die Welt sieht mich nicht mehr; ihr aber seht mich, weil ich lebe und weil auch ihr leben werdet. An jenem Tag werdet ihr erkennen: Ich bin in meinem Vater, ihr seid in mir und ich bin in euch. Wer meine Gebote hat und sie hält, der ist es, der mich liebt; wer mich aber liebt, wird von meinem Vater geliebt werden und auch ich werde ihn lieben und mich ihm offenbaren.

Nach dem Tod von Papst Johannes Paul II richteten wir in der Kirche in Mittelbiberach und Stafflangen eine Gedenkstätte ein, um den Menschen einen Ort zu geben, wo sie trauern konnten und ihrer Liebe zum Papst durch ein Kommen und Verweilen Ausdruck geben konnten. Auf einem Seitenaltar wurde ein Bild des Papstes aus jüngeren Jahren aufgestellt. In dieses Bild waren die letzten Worte von ihm: „Ich bin froh, seid ihr es auch“ eingefügt. Darunter lag ein runder Granitstein und daneben stand ein Ölbild mit einem gemalten Herzen.
Papst Johannes Paul II war ein Stein des Anstoßes gewesen. Der Stein hatte Ecken und Kanten, war aber eigentlich wie ein Rad rund geformt. Er hat etwas angestoßen, in Bewegung gebracht, ins Rollen gebracht. Und er hat auch wie ein Stein beim Aufprall, Dellen und ähnliches hervorgerufen. Ihm hat man widersprochen und er hat widersprochen.
Daneben das Ölgemälde, ein Herz, weich in Farben gemalt. Fast spürt man noch den Künstler, der da am Werk ist. Sein Werk berührt das Herz des Betrachters. Herz zu Herz – könnte fast die Begegnung heißen.
Eine Gedenkstätte, die in Ansätzen widerspiegelt, was dieser Mann unter „Liebe zu Jesus Christus“ verstanden hat und uns vorgelebt hat.
Im heutigen Evangelium werden wir zu dieser „Liebe zu Jesus Christus“ aufgefordert. Diese Liebe soll uns bewegen. So werden wir dann auch Jesu Gebote halten.

Jesus konnte seine Liebe und sein Band zu Gott Vater vollkommen leben. Seine Liebe war nicht nur da, als es ihm gut ging und er glücklich war. Diese Liebe war auch da, als dieses Gebot Gottes, das Kreuz auf sich zu nehmen bis zum Tod am Kreuz ihn erreichte. Seine Liebe zu Gott war so vollkommen, dass er alles als Auftrag Gottes zum Wohle der Heilsgeschichte Gottes mit uns Menschen sehen und leben konnte. Sohn und Vater waren eins durch die Liebe, die sie verband. Die Erfüllung von Geboten war bei Jesus der Vollzug dieser Liebe.

Nicht Gebote dürfen im Mittelpunkt stehen, sondern die Liebe. Auch in dem Sinne: Eine Liebe, die rechnet, rechnet sich nicht.

Sobald man in einer Liebe rechnet, rechnet sie sich nicht mehr.

Ein Paar, was sich gegenseitig aufrechnet, was sie alles füreinander getan haben, ist die längste Zeit ein Paar gewesen.

Eine Klostergemeinschaft, die ihren Mitgliedern vorrechnet oder auch umgekehrt, ist wohl kaum eine Liebesgemeinschaft.

Ein Pfarrer, der in seiner Gemeinde anfängt, die Häufigkeit der Gottesdienstbesuche und manches mehr aufzurechnen, begibt sich immer mehr auf den Weg einer Unternehmensstruktur – und entfernt sich aus der Dynamik einer Liebesgemeinschaft.

Ein Mensch, der gegenüber Gott anfängt aufzurechnen, rechnet mit einem rechnenden Gott:

Jeden Tag, einen Rosenkranz gebetet. Jeden Tag zur Kirche gegangen. Regelmäßig zur Beichte gegangen. Alle Vorschriften eingehalten.

Gott stellt keine Rechnungen auf. Er will die Liebe. Die Liebe des Menschen. Die Hinwendung zu ihm. Die Liebe, die alles erwarten kann. Aber nicht aufrechnungsartig auf Erfüllung der Vorgaben setzt.

Wenn ich Jesus liebe, liebe ich die Welt, Gottes Schöpfung und folge den Geboten, diese zu bewahren.

Wenn ich Jesus liebe, liebe ich die Menschen, Gottes Geschöpfe, auch jeglicher „Färbung“.

Wenn ich Jesus liebe, liebe ich Gott durch alles, was mir begegnet.

Wenn ich Jesus liebe, verzehrt mich diese Liebe.

Ich erkenne meine Begrenztheit, meine Ecken und Kanten, meine Unfähigkeiten, mein gespalten sein, mein Mensch sein, mein so geworden sein... und entdecke gleichzeitig, die Größe meines Auftrages: In meiner Schwachheit habe ich den

Auftrag, die Liebe Gottes zu den Menschen zu tragen. Ein Abbild seiner Liebe zu uns zu sein.

Unser verstorbener Papst Johannes Paul II. war ein solches Abbild der Liebe Gottes zu uns Menschen.

Für manche ein Dorn im Auge. Für manche ein konservativer Reformstauverursacher. Für manche ein Reiseonkel. Für manche ein spiritueller Querdenker. Für manche eine charismatische Persönlichkeit. Und diese Liste ließe sich sicher noch fortführen. Johannes Paul II. war ein Liebender. Ein Liebender, der Jesus im Blick hatte, der Gebote im Blick hatte. Der aber genau wusste, welcher Blick Vorrang haben muss. Wir sind alle dazu aufgerufen. Jeder Mensch sollte dieser Liebe Raum geben – so wie es ihm möglich ist und da, wo er aufgrund seiner Lebensgeschichte hingestellt ist.

Damit jedem Menschen der Satz des Evangeliums gilt:

„Wer mich liebt, wird von meinem Vater geliebt werden, und auch ich werde ihn lieben und mich ihm offenbaren".

C) 15. Predigt zu Johannes 15,26–16,15

Der Hass der Welt gegen die Jünger: 15,26-16,4a

Wenn aber der Beistand kommt, den ich euch vom Vater aus senden werde, der Geist der Wahrheit, der vom Vater ausgeht, dann wird er Zeugnis für mich ablegen. Und auch ihr sollt Zeugnis ablegen, weil ihr von Anfang an bei mir seid. Das habe ich euch gesagt, damit ihr keinen Anstoß nehmt. Sie werden euch aus der Synagoge ausstoßen, ja es kommt die Stunde, in der jeder, der euch tötet, meint, Gott einen heiligen Dienst zu leisten. Das werden sie tun, weil sie weder den Vater noch mich erkannt haben. Ich habe es euch gesagt, damit ihr, wenn deren Stunde kommt, euch an meine Worte erinnert.

Der Geist als Beistand und Lehrer: 16,4b-15

Das habe ich euch nicht gleich zu Anfang gesagt; denn ich war ja bei euch. Jetzt aber gehe ich zu dem, der mich gesandt hat, und keiner von euch fragt mich: Wohin gehst du? Vielmehr ist euer Herz von Trauer erfüllt, weil ich euch das gesagt habe. Doch ich sage euch die Wahrheit: Es ist gut für euch, dass ich fortgehe. Denn wenn ich nicht fortgehe, wird der Beistand nicht zu euch kommen; gehe ich aber, so werde ich ihn zu euch senden. Und wenn er kommt, wird er die Welt überführen (und aufdecken), was Sünde, Gerechtigkeit und Gericht ist, Sünde: dass sie nicht an mich glauben; Gerechtigkeit: dass ich zum Vater gehe und ihr mich nicht mehr seht; Gericht: dass der Herrscher dieser Welt gerichtet ist. Noch vieles habe ich euch zu sagen, aber ihr könnt es jetzt nicht tragen. Wenn aber jener kommt, der Geist der Wahrheit, wird er euch in die ganze Wahrheit führen. Denn er wird nicht aus sich selbst heraus reden, sondern er wird sagen, was er hört, und euch verkünden, was kommen wird. Er wird mich verherrlichen; denn er wird von dem, was mein ist, nehmen und es euch verkünden. Alles, was der Vater hat, ist mein; darum habe ich gesagt: Er nimmt von dem, was mein ist, und wird es euch verkünden.

Das Pfingstfest verblasst etwas, wenn wir auf Weihnachten oder Ostern schauen. An diesen beiden letzteren Hochfesten erleben wir, wie auch die vielen Christen vor uns, etwas „handgreifliches": Das Kind in der Krippe ist gut vorstellbar – und das Geschehen um diese Hl. Familie ebenso. Die Auferstehung Jesu wird durch ein Erscheinen Jesu, ob durch den Gang nach Emmaus oder das Zeigen der Wunden, auch konkret und ein ganzes stückweit nachvollziehbar.

Und beim Pfingstgeschehen steht etwas anderes im Vordergrund, der Hl. Geist. Dieser Geist ist gar nicht so richtig zu packen: Ein Geist der Wahrheit, ein Geist des Lebens, ein Geist der Freiheit, ein Geist des Trostes, usw. Dieser Geist kommt auf die Jünger nieder und verändert etwas. Sie können so reden, dass sie von allen verstanden werden. Der Geist hat die Jünger in dem Sinne verändert, dass ihr Verhalten verändert ist. Diese Verhaltensveränderung haben die Jünger wohl nicht geplant, es im Voraus gewusst oder als eigene Leistung entwickelt. Es ist etwas mit ihnen geschehen – und das sieht man an ihren Taten. Diese Taten geben Zeugnis von dem Hl. Geist, der in ihnen wirkt. Komponenten dieser Taten sind also dem menschlichen Wollen und Tun unterworfen – aber auch dem Wirken dieses Hl. Geistes.

Menschen, die diesen Geist „in sich haben", besitzen diesen Geist nicht in dem Sinne, dass sie über ihn Macht haben oder er ihr Eigentum ist.

Dieser Geist wirkt in ihnen, macht etwas mit ihnen und wirkt durch sie. Bei all ihrem Tun „wissen" sie: Dieser Geist in mir wirkt in meinem Tun (wie **er** will!).

Fundament und Richtschnur, der auch theoretisch nachvollziehbar und (be)-greifbar ist.
In der ersten Lesung aus der Apostelgeschichte wird dieser gemeinsame Nenner der Urgemeinde in Jerusalem aufgezeigt:

a) Die Vertiefung des Glaubens: „Sie hielten an der Lehre der Apostel fest".
b) Die Sorge nach Geschwisterlichkeit: Sie lebten „in der Gemeinschaft".
c) Das liturgische Leben: „Sie hielten am Brechen des Brotes und an Gebeten fest".
d) Die grundsätzliche Einstellung: „Sie bildeten eine Gemeinschaft und hatten alles gemeinsam".

Diese vier Grundhaltungen waren der gemeinsame Nenner der Menschen, die diese Urgemeinde bildeten. An dem Leben dieser vier Haltungen entsprechend erkannte man, der oder die gehörte zu dieser Gemeinschaft, zu dieser Gemeinde.
Ich unterstelle in diesem Zusammenhang auch den Menschen der damaligen Zeit, dass sie all das auch nicht vollkommen leben konnten. Das Leben dieser Haltungen war sicherlich auch der menschlichen Schwachheit unterworfen, die bei einem Menschen mehr und bei dem anderen Menschen weniger auffiel oder auch ausgelebt wurde.
Nun rückt eigentlich Thomas ins Blickfeld. Thomas ist einer der 12 Apostel. Er wurde zusammen mit Philippus, Bartholomäus und Matthäus berufen. Vielleicht könnte man ihm Charaktereigenschaften zusprechen, wie: **Mut** (dann lasst uns mit ihm gehen, um mit ihm zu sterben, Joh 11.16) oder auch: **Wissensbegierde** (als Jesus sagt „wohin ich gehe – den Weg dorthin kennt ihr" fragt er genauer nach, Joh 14.5).
Thomas gehörte zu den Jüngern, zu dieser Gemeinschaft von Menschen um Jesus. Er war in diese Gemeinschaft berufen worden. Die Gemeinschaft war für ihn da und trug ihn auch. Sie erzählten ihm davon, dass Jesus, der Auferstandene, bei ihnen war. Und da geschah etwas, was meines Erachtens für ein Gemeinschaftsleben notwendig ist:
Der oder die einzelne darf zweifeln, darf Kritik anbringen, darf so reagieren, wie es ihm oder ihr zu Eigen ist. Die Gemeinschaft macht ihm keine Vorhaltungen, keine Vorwürfe – auf jeden Fall wird es nicht berichtet. Die Gemeinschaft trägt ihn und gibt ihm sogar eine Atmosphäre, sich so mit seinen Zweifeln zu outen.

Wie viele Menschen wünschen sich solches?
Nun kommt Jesus. Auch er macht ihm keine Vorwürfe, keine „spitzen Bemerkungen“. Er geht sogar noch weiter: Er fordert Thomas auf, seine Finger und seine Hand in seine Wunden zu legen. Und was das heißt, können wir im Duden lesen: Den Finger in die Wunden legen bedeutet, diese aufzureißen, wieder schmerzen zu lassen. Jesus ist also bereit, einen schmerzhaften Prozess bei sich zuzulassen, um Thomas „Glaubenserfahrungen“ von Mensch zu Mensch zu ermöglichen. Wunden zu zeigen (Thomas will die Wunden sehen), ist sicherlich einfacher als die Wunden berühren zu lassen. Jesus ist sogar zum Letzteren bereit.
Auch wenn Thomas dieses Angebot nicht wahrnimmt, sein Bekenntnis macht den tiefen Eindruck auf ihn durch dieses Angebot deutlich: „Mein Herr und mein Gott“. Christliche Gemeinschaft wächst durch persönliche Begegnungen, durch ein „sich sehen lassen“, durch ein „Offenlegen auch von Wunden“, und auch durch eine Bereitschaft, eine „Nähe“ von Menschen zuzulassen, auch wenn diese schmerzt. Leben wir in einer solchen christlichen Gemeinschaft? Welchen gemeinsamen Nenner hat diese ganz konkret? Zu welchen Wunden steht unsere Gemeinschaft und zu welchen stehe ich ganz persönlich?

C) 17. Predigt zu Lukas 24,13-35

Die Begegnung mit dem Auferstandenen auf dem Weg nach Emmaus:

24,13-35

Am gleichen Tag waren zwei von den Jüngern auf dem Weg in ein Dorf namens Emmaus, das sechzig Stadien von Jerusalem entfernt ist. Sie sprachen miteinander über all das, was sich ereignet hatte. Während sie redeten und ihre Gedanken austauschten, kam Jesus hinzu und ging mit ihnen. Doch sie waren wie mit Blindheit geschlagen, so dass sie ihn nicht erkannten. Er fragte sie: Was sind das für Dinge, über die ihr auf eurem Weg miteinander redet? Da blieben sie traurig stehe, und der eine von ihnen – er hieß Kleopas – antwortete ihm: Bist du so fremd in Jerusalem, dass du als einziger nicht weißt, was in diesen Tagen dort geschehen ist? Er fragte sie: Was denn? Sie antworteten ihm: Das mit Jesus aus Nazareth. Er war ein Prophet, mächtig in Wort und Tat vor Gott und dem ganzen Volk. Doch unsere Hohenpriester und Führer haben ihn zum Tod verurteilen und ans Kreuz erwartet uns, aber erst nach dem wir den Weg gegangen sind - mit dem Wegbegleiter Jesus.

C) 18. Predigt zu 1 Petrus 2,4-9

Jesus Christus, der lebendige Stein:

Kommt zu ihm, dem lebendigen Stein, der von den Menschen verworfen, aber von Gott auserwählt und geehrt worden ist. Lasst euch als lebendige Steine zu einem geistigen Haus aufbauen, zu einer heiligen Priesterschaft, um durch Jesus Christus geistige Opfer darzubringen, die Gott gefallen. Denn es heißt in der Schrift: ***Seht her, ich lege in Zion einen auserwählten Stein, einen Eckstein, den ich in Ehren halte; wer an ihn glaubt, der geht nicht zugrunde.*** *Euch, die ihr glaubt, gilt diese Ehre. Für jene aber, die nicht glauben, ist* ***dieser Stein, den die Bauleute verworfen haben, zum Eckstein geworden, zum Stein, an den man anstößt, und zum Felsen, an dem man zu Fall kommt.*** *Sie stoßen sich an ihm, weil sie dem Wort nicht gehorchen; doch dazu sind sie bestimmt. Ihr aber seid* ***ein auserwähltes Geschlecht, eine königliche Priesterschaft, ein heiliger Stamm, ein Volk, das sein besonderes Eigentum wurde, damit ihr die großen Taten dessen verkündet,*** *der euch aus der Finsternis in sein wunderbares Licht gerufen hat.*

In der heutigen Lesung greift der Apostel, den Jesus Petrus genannt hat, wieder einen Gegenstand der alltäglichen Wirklichkeit auf: den Stein, den Eckstein und damit auch das, was man damit bauen kann: das Gebäude, das Haus. Steine nutzten die Menschen damals auf verschiedene Art und Weise: als Grenzsteine, Mühlsteine, Tröge, Gewicht, Sitzgelegenheit, Waffe zur Verteidigung und auch zur Steinigung von Menschen. Auch als Baumaterial wurden Steine gebraucht: Häuser, größere Gebäude, Tempel und vieles mehr wurden mit diesem Baumaterial gebaut. Kein Wunder also, dass man einen Gegenstand des alltäglichen Gebrauches auch auf religiöse Inhalte übertrug. Schon im Alten Testament können wir bei Jesaja 28.16 über den Messias als den „ in Zion gelegten Grundstein" lesen oder in den Psalmen als „den Stein, den die Bauleute verworfen haben und der zum Eckstein geworden ist".

Auch heute brauchen wir Steine noch als Baumaterial für vieles, aber auch als Wurfgeschoß bei Demonstrationen nicht nur in fernen Krisengebieten.

Mir fällt auch der Stein in Kelchform als eine Art Altar in unserer Pfarrkirche in Mittelbiberach ein. Der Stein wurde bearbeitet und geformt, aus ihm wurde etwas gemacht. Auch fallen mir Kirchen ein, wo vieles aus Holz gemacht ist – aber optisch so gestaltet wurde, als wenn diese Teile aus Stein wäre (künstlerisch gewollt oder mehr Schein als Sein – lassen wir mal dahingestellt).

Dann gibt es noch die Natursteine und auch „gemachte" Steine.

Mit Steinen konnte man und kann man etwas anfangen, man benutzte und benutzt sie.

Jesus wird heute in der Lesung als „lebendiger Stein" bezeichnet, der „bei Gott aber auserlesen kostbar ist". Durch diesen Jesus Christus sollen wir auch zu „lebendigen Steinen aufgebaut werden" – so heißt es im Text. Jesus Christus soll also benutzt werden, ein Mittel werden, damit etwas entstehen kann „als geistiges Haus zu einer heiligen Priesterschaft".

Wie soll ich denn Jesus Christus „benutzen"? Ihn, den lebendigen Stein? Was heißt dieses „benutzen" für uns konkret?

Also gilt das „wie?", das „wo?", das „wann?" und auch das „wozu?" benutzen. Viele Fragen also, deren Antwort dann auch im Benutzerhandbuch „an die Hand" gegeben werden müssten. Die Fragen von Thomas im heutigen Evangelium sind ja Fragen an ein solches Benutzerhandbuch.

Wir Katholiken haben ja ein dickes Benutzerhandbuch, die Bibel; aber auch die Kirche als den mystischen Leib Christi. Der „Umgang" mit diesem „lebendigen Stein" unterliegt also nicht nur einer „geschriebenen Ordnung", sondern genauso auch einer mystischen Dimension, die ihren Ausgangspunkt nicht aus einem Schriftwerk heraus nimmt.

Wir gehen mit diesem „lebendigen Stein" um, ohne eigentlich zu wissen, was wir bauen.

Wir bauen – ohne zu wissen, welche Dimensionen dieses Bauwerk entwickeln wird.

Wir bauen – und verändern uns selbst dabei. Wir werden selbst „aufgebaut zu lebendigen Steinen". Für unsere gläubige Gemeinschaft gilt diese Perspektive für alle „Gläubige".

Für andere sind wir dann vielleicht auch „ein Stein des Anstoßes“, „ein Fels des Ärgernisses“, wie es Jesus war, auch sein wollte und auch seinem Auftrag entsprach.
Wir sind „Benutzer“ und werden selbst benutzt – der Spagat des Lebens: Spannungsgeladen und doch, wie beim Menschen, in eine Einheit führend. Jedes oben näher beschriebene „Benutzen“ von Steinen wird praktiziert. Auch ist noch vieles mehr möglich. Benutzen wir kräftig! Benutzen wir, was uns gegeben ist. Werden wir immer mehr echte Benutzer eines steinigen Weges, den Jesus vorangegangen ist. Diese Forderung besteht – genauso wie gleichzeitig auch die Zusage gilt: Fördern durch fordern.

D) Predigt anlässlich der Segnung einer Freundschaft

Wir sind hier in dieser Kirche zusammengekommen, um etwas zu feiern, was viele Menschen bewegt und in Schwung bringt. Wir feiern hier etwas, was nicht nur uns Christen zu Eigen ist. Wir feiern etwas, was in allen Kulturen, Gesellschaften und Religionen ein Thema war, ist und bleiben wird. Wir feiern die Liebe, die in der Liebesbeziehung unseres Paares hier deutlich wird. Wenn wir eure Liebe konkret sehen und wahrnehmen, erahnen wir eine Liebe, die nicht nur unserem „wollen“ und „können“ unterworfen ist. Die Liebe wird uns als Geschenk gegeben. Aber damit ist auch die Aufgabe mitgegeben, diese zu leben: Dieser Liebe einen konkreten Rahmen zu geben.
Wir werden entfacht, wir werden entzündet, wir werden bewegt, aber wozu?
Grundsätzlich muss es eine Quelle geben, aus der jede Liebesbeziehung schöpfen kann, an der sie dann auch partizipiert.
Wir, ihr beide hier vorne in der ersten Bank und wir alle hier in der Kirche, sind berufen aus der Quelle zu schöpfen und auch davon weiterzugeben. Das heißt konkret, unsere Liebesbeziehungen verschiedenster Art zu leben. Die einen Menschen leben ihre Liebe in einer Ehe, in einer Partnerschaft. Die anderen Menschen leben ihre „Berufung zur Liebe“ in einer Klostergemeinschaft. Ganz verschieden kann das sein: Das Leben der Berufung zur Liebe. Ihr beide habt euch zu dieser speziellen Art von Freundschaft entschieden. Ihr wollt eurer Liebe in dieser Form Gestalt geben. Ihr fühlt euch zu dieser Liebe berufen. Das hat Euch aufeinander zu bewegt. Ihr beide habt eure Liebe hinterfragt: Ist sie tragfähig? Was

hält sie aus? Wachsen wir persönlich und miteinander? Manche Fragen sind euch durch den Kopf gegangen. Ihr musstet sie einzeln beantworten, aber auch gemeinsam besprechen. In euch ist etwas gewachsen. In euch selbst und in eurer Zweierbeziehung. Jede Liebesbeziehung muss auch von Zeit zu Zeit hinterfragt werden. Das ist meines Erachtens notwendig für ein weiteres Bestehen. Jede Liebende, jeder Liebende muss diese Perspektive des Hinterfragens als eine Art andauernde Eigenleistung mit einbringen. Nur so kann sich eine geordnete Beziehung entwickeln. Die Liebe will Ordnung. Sie will in geordneten Bahnen ihre Maßlosigkeit beweisen. Diese Ordnung müsst ihr entwickeln. Diese Ordnung müsst ihr euch geben. Hinweisschilder habt ihr. Staat, Gesellschaft, eure Verwandtschaft, Religion und auch Kirche bilden einen vielschichtigen Schilderwald.

Für diesen Prozess des „sich und seiner Beziehung eine Ordnung geben", gibt es Hilfestellungen. Da kann man auf Erfahrungswerte bauen oder sich auch ein stückweit auf Fachleute verlassen.

In der zurückliegenden Zeit wurde das „Entfacht sein von der Liebe" bei euch immer mehr zu einem solideren „wir wollen gemeinsam den Lebensweg gehen". Die Liebesbeziehung wurde geordnet, besprochen, durchdacht und so eben auch fundiert.

Hier feiern wir heute die Liebe, die euch verbindet. Wir wollen den Segen Gottes auf das Liebesband, was euch verbindet, herab bitten. Wir stellen euch unter den Segen Gottes, damit eure Liebe euch erhalten bleibe und euch immer wieder befähige, anderen Menschen durch eure konkrete Liebe Zeugnis geben zu können. Und wovon Zeugnis geben? Von einer ursächlichen Liebe Gottes zu allen Menschen.

Der bekannte Sänger Xavier Naidoo besingt ähnliches in seinem Lied „Nicht von dieser Welt": Das was mir an dir gefällt, ist einfach nicht von dieser Welt. Sie ist nicht von dieser Welt, die Liebe, die mich am Leben hält.

Er spürt und besingt die Dimensionen von Liebe: Liebe, die eigentlich nicht von dieser Welt ist, wird doch in den innerweltlichen Beziehungen gelebt. Gott hat seine Liebe zu uns auch „Fleisch" werden lassen, seine uns zugesprochene Liebe wurde in menschliche Beziehungsgeflechte eingebunden. Sein Sohn, Jesus Christus, wurde die Mensch gewordene Liebe Gottes. Und von dieser ihm gegebenen Liebe hat Jesus weitergegeben. Und dieser Auftrag gilt auch uns. Jeder und jede von uns soll aus dieser Liebe heraus, „die nicht von dieser Welt ist", leben und das irdische Leben damit nicht nur bereichern, sondern prägen.

Die Freundschaft, die Liebe, die euch verbindet und erfüllt, ist gleichzeitig mit einem Auftrag verbunden: Macht durch eure Liebe die Liebe Gottes zu uns Menschen spürbar. Gebt durch eure Liebe der Liebe Gottes menschliche Züge. Damit das gelingen kann, erbitten wir heute und hier den Segen Gottes.

E) Predigt anlässlich der Beerdigung eines im Mutterleib verstorbenen Kindes

Liebe Mutter unseres verstorbenen Kindes!
Liebe Mittrauende!

Wir stehen hier auf dem Friedhof vor diesem Grab. Nachdenklichkeit, auch mit Unverständnis durchsetzt, ist in unseren Gesichtern zu spüren.
Der Psalm 77 ist fast ein Ausdruck unserer augenblicklichen Gefühlswelt:

Ich rufe zu Gott, ich schreie,
ich rufe zu Gott bis er mich hört.
Am Tag meiner Not suche ich den Herrn; unablässig erhebe ich nachts meine Hände,
meine Seele lässt sich nicht trösten.
Denke ich an Gott, muss ich seufzen,
sinne ich nach, dann will mein Geist verzagen.
Du lässt mich nicht mehr schlafen,
ich bin voll Unruhe und kann nicht reden.
Ich sinne nach über die Tage von einst,
ich will denken an längst vergangene Jahre.

Die längst vergangenen Jahre, die hier im Psalm genannt werden, sind unsere Lebensgeschichte, die Tage von einst sind unsere Vergangenheit. Durch unsere Geburt konnte sich diese Lebensgeschichte entwickeln. So ist unsere persönliche Lebensgeschichte immer auch eine Geburtsgeschichte in diese Welt hinein. Wir haben unseren Lebensraum in dieser Welt gefunden, unseren Platz, unsere Lebensaufgabe. Mehr oder weniger aktiv sind wir Mitarbeiter und Mitarbeiterinnen eines an seiner Schöpfung arbeitenden Gottes, der auch durch uns und unsere Aktivitäten in dieser Welt sichtbar und spürbar sein will. Dabei sind wir nicht ein willenloses Objekt dieses Gottes, sondern wir haben unseren Willen, etwas zu tun oder auch nicht zu tun. In der Regel wollen wir Gutes tun. Wir wollen helfen. Der Wille ist da. Nur neben dem „Wollen“ spielt oft auch noch mehr eine Rolle, eine wichtige Rolle sogar: Das „Können“.

Wir wollen die Mutter ihres im Mutterleib verstorbenen Kindes trösten. Wir wollen Mut machen. Wir wollen auf Gott verweisen und darauf, dass er uns nie verlässt.

Und nun stehen wir hier. Nicht nur unser Wille ist schwer zu vermitteln, in Worte und Taten zu fassen, sondern auch unsere Erklärungsversuche und unser auf Gott verweisen klingt holprig und kaum tröstlich.

Wir können in diesem Augenblick nur das sein, was wir sind: zerbrechlich, verwundbar, oder kurz gesagt, wie ein Kind, welches Fragen stellt, neugierig ist, etwas unwissend bestaunt.

Und ein solches Kind dürfen wir auch sein. Das hören wir sehr deutlich im Evangelium nach Matthäus: „Lasst die Kinder zu mir kommen, hindert sie nicht daran! Denn Menschen wie ihnen gehört das Himmelreich“. Aber wir beerdigen hier heute nicht einen Menschen, der ein solches, in diese sichtbare Welt hinein geborenes Kind war. Wir beerdigen ein menschliches Wesen, dass im Werden war, das im Mutterleib geformt wurde. Es sollte wachsen und reifen. Und dann geboren werden. Das waren unsere Gedanken, unser Wollen. Dazu sind Kinder doch berufen. Und nun kam alles anders.

Natürlich ist den christlich orientierten Menschen aus ihren religiösen Wurzeln her bewusst, was bei Jeremia 1,5 steht:

"Noch ehe ich dich im Mutterleib formte, habe ich dich ausersehen, noch ehe du aus dem Mutterschoß hervorkamst, habe ich dich geheiligt".

Gerne hätten wir dieses Wunder gesehen, wahrgenommen, was Gott da geschaffen hat. Das wäre der Lebensweg gewesen, der nach unserem Verständnis für dieses Kind vorgezeichnet gewesen wäre. Gerne hätten wir gespürt, was Gott in diesem Menschen und durch ihn hätte verwirklichen wollen. Doch was will dieser Gott jetzt? Was ist jetzt sein Wille?

Wir stehen hier und trauern. Uns ist aber auch bewusst, dass selbst dieses nicht lebend geborene menschliche Wesen etwas Besonderes ist. Nicht nur ab der Geburt zählt dieses menschliche Wesen, kommen ihm Rechte einer Person zu, sondern ab dem ersten Augenblick seines Daseins.

So stehen wir hier und beerdigen ein von Gott bejahtes menschliches Wesen. „Nicht ins Leben" geboren nach unseren Maßstäben, aber eigentlich doch „Geboren": In die Nähe Gottes, in eine ganz andere Lebenswirklichkeit.

Dieses Grab auf dem Friedhof soll davon Zeugnis geben. Hier dürfen wir klagen, aber auch auf einen Gott schauen, der andere Maßstäbe setzt. Wir dürfen uns hier auf dem Friedhof eingebunden wissen in unzählige Lebensgeschichten, die verschieden waren, aber alle einen Anfang und ein Ende hatten. Nach unserem Glauben setzt Gott den Anfang und das Ende. Vertrauen wir auf ihn und seine Maßstäbe, die alles menschliche Denken und Wollen übersteigen.

Die Berufung in sein Himmelreich, so haben wir es in dem Evangelium gehört, vollzieht sich nach anderen Kriterien. Versuchen wir auf Gott zu bauen und auf eine Zukunft, die Trauer nicht beseitigen kann, aber tröstende Begegnungen ermöglicht.

F) 1. Predigt: Selige Schwester Ulrika Nisch

1 Korinther: Es gibt keine größere Liebe...

Die höheren Gnadengaben – das Hohelied der Liebe: 1 Korinther 13,1-13

Wenn ich in den Sprachen der Menschen und Engel redete, hätte aber die Liebe nicht, wäre ich dröhnendes Erz oder eine lärmende Pauke. Und wenn ich prophetisch reden könnte und alle Geheimnisse wüsste und alle Erkenntnis hätte; wenn ich alle Glaubenskraft besäße und Berge damit versetzen könnte, hätte aber die Liebe nicht, wäre ich nichts. Und wenn ich meine ganze Habe verschenkte und wenn ich meinen Leib dem Feuer übergäbe, hätte aber die Liebe nicht, nützte es mir nichts. Die Liebe ist langmütig, die Liebe ist gütig. Sie ereifert sich nicht, sie prahlt nicht, sie bläht sich nicht auf. Sie handelt nicht ungehörig, sucht nicht ihren Vorteil, lässt sich nicht zum Zorn reizen, trägt das Böse nicht nach. Sie freut sich nicht über das Unrecht, sondern freut sich an der Wahrheit. Sie erträgt alles, glaubt alles, hofft alles, hält allem stand. Die Liebe hört niemals auf. Prophetisches Reden hat ein Ende, Zungenrede verstummt, Erkenntnis vergeht. Denn Stückwerk ist unser Erkennen, Stückwerk unser prophetisches Reden; wenn aber das Vollendete kommt, vergeht alles Stückwerk. Als ich ein Kind war, redete ich wie ein Kind, dachte wie ein Kind und urteilte wie ein Kind. Als ich ein Mann wurde, legte ich ab, was Kind an mir war. Jetzt schauen wir in einen Spiegel und sehen nur rätselhafte Umrisse, dann aber schauen wir von Angesicht zu Angesicht. Jetzt erkenne ich unvollkommen, dann aber werde ich durch und durch erkennen, so wie ich auch durch und durch erkannt worden bin. Für jetzt bleiben Glaube, Hoffnung, Liebe, diese drei, doch am größten unter ihnen ist die Liebe.

Über die Charismen der Prophetie und der Zungenrede: 1 Korinther: 14,1
Jagt der Liebe nach! Strebt aber auch nach den Geistesgaben, vor allem nach der prophetischen Rede!

Diese Textstelle aus dem 1. Korintherbrief wird öfters bei Trauungen als Lesungstext genommen. Das passt ja auch gut, da die Liebe der Brautleute keine egoistische Liebe sein soll. Diese Liebe, diese konkrete Liebe, soll die Liebe Gottes zu uns Menschen nicht nur widerspiegeln, sondern erfahrbar werden lassen.
Konkret, wie Liebe immer sein will, wird sie in diesem Bibeltext auch in konkreten Einzelheiten benannt. Keine abstrakte Liebe wird hier beschrieben – sondern konkret werdende Liebe.
In einer Verzückung ist Liebe fast weltfremd. Im konkreten Alltag will sie Hand und Fuß bekommen – sie **muss** Hand und Fuß bekommen.
Was nützt es, wenn ich sage: Ich liebe dich. Die Taten, die Konkretisierung meiner Worte, müssen spürbar werden. Eine Liebe ohne Taten ist wie ein Wind, den wir nicht wahrnehmen. Beides gibt es nicht. Die Liebe ist das wahrhaft Bewegende, die Quelle jeglicher Beziehung.
Ohne die Liebe, ohne die Haltung einer Liebe, ist jede Tat leer. Oder wie es im Korintherbrief heißt: „Und wenn ich all meine Habe zu Almosen mache und wenn ich meinen Leib hingebe zum Verbrennen, habe aber die Liebe nicht, so nutzt es mir nicht."
Die Haltung der Liebe sollte also der Grund jeglicher Handlung sein.
Ulrika Nisch, die große Selige der Liebesbotschaft, hat durchaus öfters von einem Bräutigam und der Braut gesprochen. In den Aufzeichnungen können wir lesen:
„O Liebe, ich will ganz Liebe sein und ganz Deine Braut, die nur noch den Bräutigam kennt und sonst auch gar nichts verlangt".

Ulrika will ganz Liebe sein, sie will einen Weg der Liebe gehen. Ihr Lebensweg soll eigentlich ein Liebesweg sein – nicht nur teilweise, nicht nur in den Höhen, sondern auch in den Tiefen, im Leid.
Ihr Lebensweg ist ein treues Zeugnis eines Menschen, der „aufgebrochen ist, um den zu suchen, den seine Seele liebt".
Ulrika hat viel Leid in ihrem Leben erlebt, sie hat ausgehalten, sie hat durchgehalten, sie hat innegehalten, sie hat Distanz gehalten. Auch dieses Letztere finden wir genau im Korintherbrief wieder: Sie hat Distanz gehalten zu einer Liebe, die sich aufbläht, die eifersüchtig ist, die den eigenen Vorteil sucht, die taktlos handelt, die das Böse nachträgt.
Für Ulrika war Leid, Kreuz und Liebe unzertrennbar verbunden. Ihr Lebensweg war ein treues dazu stehen. Ihr Lebensweg war eine Einheit zwischen Leidensweg und Liebesweg.
Davon zeugen die Aufzeichnungen, davon zeugen die Publikationen.
Kaum zu verstehen sind manchmal ihre Gedanken, manchmal kann man ihren Gedanken nur mit einem liebenden Herzen folgen. Wie sollte man sonst aus ihren Aufzeichnungen verstehen können: „O meine Liebe, ich stehe vor Dir mit ausgespannten Armen, das Kreuz zu empfangen. O glückliches Kreuz, Du bist mein Liebstes auf der Welt. Wie freut es mich, mit meinem Geliebten an das Kreuz gebannt zu sein."Nach den Exerzitien im Frühjahr 1912 sagt sie: „Ich hätte nur die Arme ausspannen müssen, dann wäre ich wie der Heiland am Kreuz gewesen."
„Auf dem Weg der Liebe bleiben" bedeutet für Ulrika, ihr Kreuz zu tragen, die Kreuze der anderen Menschen zu sehen und diese Kreuze in eine Einheit mit dem Kreuz Jesu zu führen.

Sie erlebt die Kreuze, die auch heute viele Menschen erleben:
Das Kreuz, nicht in eine Ehe hineingeboren zu werden.
Das Kreuz, der harten Arbeit als Kind aber auch Leidende bei der psychisch kranken Frau in Saugart.
Das Kreuz, hin- und hergerissen zu sein, was Heimat angeht.
Das Kreuz, auf der Suche zu sein „aufgebrochen zu sein, um den zu suchen, den ihre Seele liebt". **Das Kreuz**, Seelennot andere zu sehen.
Das Kreuz, schwere Krankheit zu tragen.

Das Kreuz, Gottesferne zu erleben „Oft plagt mich doch der Gedanke, es ist alles nichts, alles Einbildung und Phantasie“.

Das Kreuz, das Gemeinschaftsleben durchaus auch mit sich bringt.

Im kurzen Leben von Schwester Ulrika manifestierte sich eine Kreuzesverehrung, die Hand und Fuß bekommen hatte. Ihre Kreuzesverehrung war eine Sehnsucht, die Kreuze der Menschen und ihre eigenen Kreuze mit dem Kreuz Jesu verschmelzen zu lassen.

Das Kreuz kann nur durch Liebe überwunden werden – nicht aus der Welt genommen werden. Das Kreuz, auch ohne Maß in Vielfalt und Tiefe, kann nur in Zusammenhang mit Liebe ohne Maß verstanden werden.

Die Selige Schwester Ulrika hat uns das aufgezeigt, sie hat das auf ihre Fahnen geschrieben. Ihr Lebensweg war diese Verknüpfung, diese Verknotung von Liebesweg und Leidensweg. Ulrika ist auf dem Weg des Leidens geblieben – und somit auch auf dem Weg der Liebe.

Viele Menschen, die sich mit Schwester Ulrika beschäftigt haben, fühlen sich bei ihr aufgehoben. Sie spüren, durch sie wirkt ein anderer.

Ich erlebe oft Menschen auf ihrem Liebesweg: Brautpaare, Ehepaare, Ordensleute und Menschen, die in Beziehungen leben. Viele haben persönliche Formen ihres Liebesweges und auch Formen ihres gemeinsamen Liebesweges gefunden. Manches ist da auch Veränderungen unterworfen. Aber jeder dieser Menschen wird sicher auch Leid in dieser Beziehung gespürt haben.

Leid, dass Beziehungen Bruchstellen bekommen.
Leid, dass Unvollkommenheit auf beiden Seiten da ist.
Leid, die Trennung und Auseinandersetzung hervorruft.
Leid, die Krankheit hervorruft.

Den engen Zusammenhang von Liebe und Leid spüren Menschen auf ihrem Lebensweg. Ob sie religiös sind oder auch wenig Zugang dazu haben.

Gott hat uns einen Weg aufgezeigt, den Weg, den Jesus gegangen ist. Sein Lebensweg und seinen Umgang mit Liebe und Leid wurde uns überliefert.

Menschen, wie die Selige Schwester Ulrika, zeigen uns immer wieder auf, dass der Weg Jesu ein Auftrag für uns alle ist. Der Weg Jesu wird immer wieder durch solche Menschen lebendig. Die Kreuze in dieser Welt sind der Auftrag für uns Christen.

Kreuzesträger sollten wir sein – wie Ulrika. Viele Menschen wollen Kreuze verstehen. Wir sollen es tragen, weil Jesus uns darin vorangegangen ist. Beständig, treu unserer Berufung entsprechend. Wir wollen die Kreuze begreifen – mit dem Verstand. Dabei geht es darum, das Kreuz zu greifen – um es zu begreifen. Das hat Ulrika begriffen, indem sie das Kreuz ihres Lebensweges und manch anderes Kreuz ergriffen hat. Und indem sie das Kreuz begriffen hat, hat sie auch die Liebe begriffen und damit das Wesen und den Ursprung von Liebe – so wie wir es im Korintherbrief beschrieben bekommen. Das Kreuz war über ihrem Leben aufgerichtet – sie hat geantwortet mit Liebe. Das ganze Leben hindurch. Selbst in der Zeit der Gottesferne war sie eine Liebende, eine mit Liebe Suchende.

So können wir deutlich mit dem Blick auf Ulrika sagen: Sie ist auf dem Weg der Liebe geblieben.

Davon gibt sie Zeugnis, das ist ihr Lebenszeugnis – nicht in großen Worten und nicht in weltbewegenden Aktivitäten. Und doch mit einer Kraft, die fast unmenschlich ist. Gott hat sie benutzt, damit seine Liebe zu ihr und uns allen, Hand und Fuß bekommen kann.

Ihr Lebensweg ist ein Weg des Kreuzes und der Liebe. Und dieser Weg hallt in die heutige Zeit hinein.

F) 2. Predigt: Selige Schwester Ulrika Nisch
Thema: Aufgebrochen bin ich, dich zu suchen, den meine Seele liebt (Selige Schwester Ulrika Nisch)

Liebe Wallfahrer! Liebe Ordensschwestern!
Liebe Gäste! Liebe hier versammelte Gemeinde!

Drei Tage waren wir Wallfahrer auf den Spuren der Seligen Schwester Ulrika unterwegs. Wir haben das Geburtshaus in Mittelbiberach besucht und die Kirche, in der sie getauft worden war. Auf weiteren Spuren waren wir dann unterwegs: Auch in ihrer Heimat in Unterstadion. Auf jeden Fall haben wir mehrmals ihre Fußwege gekreuzt - zwischen Mittelbiberach und Unterstadion. Uns wurde deutlich, wie viele Gedenkstätten es auf diesen Wegen gibt. Dieses Gebiet zwischen Unterstadion und Mittelbiberach wurde jetzt sogar eine Seelsorgeeinheit, die ihren Namen trägt. Von dort aus ging es nach Rorschach in der Schweiz. Gerne war sie bei der Familie Morger und hat dort viele Spuren hinterlassen. Am 2. Tag unserer Wallfahrt ging es dann nach Zell-Weierbach, Bühl und Baden-Baden. Dort besuchten wir die Orte, an denen sie gewesen war. Gerne erinnern wir uns an vieles, besonders sicher auch an die Großküche im Vinzentiushaus in Baden-Baden. Das Bild, wo sie mit den Kochtöpfen zu sehen ist, wurde durch uns lebendig. Wir waren dort und machten ein Foto von uns und sangen ein Ulrika Lied. Heute sind wir hier in Hegne und gehen ihren Spuren nach.

Das Beten, Singen, die Gespräche, das miteinander Feiern, die Gottesdienste waren zusätzliche Impulse für unsere Spurensuche.

Wir konnten immer wieder ihr Aufbrechen deutlich nachempfinden: Aufgebrochen bin ich, dich zu suchen, den meine Seele liebt.

Viele Stationen in ihrem Leben waren Stationen, von denen sie aufbrechen musste und zu denen sie aufgebrochen ist.

Aufbruch gehörte zu ihrem Leben.

Das konnten wir an diesen Stationen feststellen. Ihr Lebensweg war ein Lebensweg der Aufbrüche. Ich möchte aber gerne diesen Satz von ihr in eine andere Perspektive hinein erweitern.

Es geht nicht nur um Aufbrüche - in dem Sinne: Sich in Bewegung setzen, von einem Ort zum anderen Ort. Zuerst geht es um einen ganz anderen Aufbruch. Ulrika musste aufgebrochen werden. Es geht um den eigenen Aufbruch. Sie ist aufgebrochen worden:

Der Makel des "Nichtehelich Seins".

Die schwere Arbeit, gerade auch im Haushalt in Sauggart mit den psychischen Belastungen. Die Krankheiten. Die Ortswechsel. Die grenzenlose Liebe zu Jesus.

Sie ist erstmal aufgebrochen worden - zum Schluss noch durch die Zeiten der Gottesferne und Zweifel. Vor dem letzten Aufbruch zu dem, den ihre Seele liebte, standen viele Aufbrüche. Sie wurde aufgebrochen, um Aufbrüche gestalten zu können - sich darauf einlassen zu können. Darin ist sie uns ein Vorbild. Ihr Lebensweg war auch ein Leidensweg, ein Weg der Aufbrüche.

Liebe Schwestern! Sie möchte ich ansprechen!
Viele von Ihnen sind älter und haben sicher schon so manchen Aufbruch hinter sich. Sie haben Ortswechsel erlebt und haben sich darauf eingelassen. Und vielleicht auch manchen Ortswechsel machen müssen, kleinere und größere. Und ich glaube, dass Sie auch schon manchen anderen Aufbruch erlebt haben: Innere Aufbrüche. Wo sind Sie aufgebrochen worden? Bei Ihrer Berufung? Bei Ihren Einsatzfeldern? Bei Ihrem Gemeinschaftsleben?
Ich vermute, dass Sie Zugang zu diesem inneren "Aufgebrochen werden" haben. Vielleicht sind damit auch schmerzliche Erinnerungen verbunden. Ich glaube, auch Sie könnten manches davon erzählen. Auch Ihr Lebensweg war mit diesen Aufbrüchen vermutlich ein Leidensweg.

Liebe Wallfahrer! Sie möchte ich jetzt ansprechen!
So manches Gespräch hat sich auf dieser Wallfahrt ergeben. So mancher Aufbruch war in diesen Tagen vorgegeben. Aber wir haben nicht nur diese Aufbrüche im Blick gehabt. Innere Aufbrüche wurden thematisiert, angesprochen. Auch Sie haben beide Dimensionen von Aufbruch erlebt. Auch Ihre Lebenswege waren Leidenswege. Ich glaube, dass es keinen Lebensweg gibt, der nicht auch ein Leidensweg ist. Manche gehen beide Wege bewusst, manche wollen da manches nicht wahrhaben, verdrängen es oder unterdrücken es. Lebensweg und Leidensweg gehören zusammen – für alle Menschen.
Auch für die Selige Schwester Ulrika, auch für die Heiligen und Seligen, die wir verehren.
Auch für Gemeinschaften von Menschen, kleinere und größere Gemeinschaften.
Auch unser Gemeinschaftsleben ist geprägt von einem gemeinsamen Lebensweg und einem gemeinsamen Leidensweg.
Auch Ihre Gemeinschaft, liebe Ordensschwestern.
Auch unser Weg als Ordensgemeinschaft der Oblaten.
Auch die Ehen und Familien.
Ulrika hat uns das Alles vorgelebt: Im Aufbruch und im Lebens- und Leidensweg.
Ulrika hat uns aber noch mehr vorgelebt: Der Lebensweg und der Leidensweg ist immer mit einem Liebesweg verbunden. Nur wenn diese drei L‘s: Lebensweg, Leidensweg und Liebesweg eine Einheit bilden, wird dieser Weg ein Heilsweg.

Darum geht der Satz von Ulrika weiter: Aufgebrochen bin ich, Dich zu suchen, den meine Seele liebt.
Die Liebe in diesem Suchen.
Die Liebe in diesem Aufbrechen.
Die Liebe in diesem Leidensweg.
Die Liebe in diesem Lebensweg.
Was war der Weg Jesu Christi anderes?
Sein Lebensweg war ein Leidensweg bis zum Kreuz, bis zum Tod. Sein Lebensweg war aber auch ein Liebesweg. Bis zum Tod am Kreuz.
Dem Verbrecher wurde Barmherzigkeit und Liebe zugesagt.
Die Mutter Jesu wurde mit dem Jünger Johannes verbunden.
Der Lebensweg Jesu war ein Leidensweg und Liebesweg.
Was gilt für uns anderes?
Die Heiligen und Seligen haben das gespürt, verinnerlicht und gelebt.
Der Lebensweg der Seligen Schwester Ulrika war nichts anderes.
Und je mehr wir dieses Mysterium unseres Glaubens in unserem Lebensweg spürbar leben, je mehr vollzieht sich auch an uns das "aufgebrochen werden", um den Aufbruch immer wieder neu zu beginnen.
Bis unser Leben so aufgebrochen ist, und sich der Aufbruch in die Ewigkeit vollziehen kann.

Liebe Schwestern! Liebe Wallfahrer! Liebe Gäste!
Spüren wir nicht besonders bei den Menschen Tiefgang, die aufgebrochen wurden?
Spüren wir nicht gerade bei den Menschen ein "Angenommen sein", die aufgebrochen wurden?
Ist eine Gemeinschaft von "aufgebrochenen Menschen" nicht eine Gemeinschaft, die zum Aufbruch bereit ist?
Stärken wir uns im Aufbruch!
Lassen wir uns stärken mit dem Blick auf die Selige Schwester Ulrika!
Das möchte ich allen Menschen im Aufbruch wünschen.
Amen.

G) Die Geschichte vom Storch Lovely und dem Frosch Philo

Es war einmal ein Storch. Seine Eltern liebten ihn und weil sie sich so freuten, nannten sie ihn „Lovely“. Lovely wuchs behütet auf, sein Nest war schön und er erfuhr viel Liebe. Aus dieser Zuwendung sog er viel Kraft, diese Wurzeln machten ihn stark. Aber es war auch eine Unruhe in ihm. Die behütete Umgebung, die Nestwärme war schön – aber da müsse es doch noch mehr geben!

Die Sehnsucht nach dem „mehr“ wuchs mit seinem Alter.

Und da er voller Energie war, machte er sich auf.

Er sah, erlebte und hörte viel Schönes. Sein Leben gewann Weite. Überall gab es Neues, Unbekanntes, Geheimnisvolles und Erstrebenswertes. Er stolzierte mit seinen langen Beinen über fette Weiden. Er bediente sich wo er wollte. Er strebte nach diesen Genüssen. Er befriedigte seine Sehnsucht mit dem, wovon er glaubte, dass es ihm guttat. Da ein Happen, dort ein Happen – die Wiese der Erfahrung und Erkenntnis blühte ihm entgegen, lag ihm zu Füßen. Lovely war ständig unterwegs. Sein Körper und sein Geist verlangten es, diese seine Sehnsucht zu befriedigen.

So wurde sein Lebensinhalt das „Leben seiner Sehnsucht“.

Und dabei verlor Lovely den Blick auf sich selbst, auf seine körperlichen Kräfte, auf seine Reserven, auf seine Verfasstheit. Das Genießen der Häppchen wurde sein Streben. Und dies baute er nicht mehr in sein Storchendasein ein. Das Leben seiner Sehnsüchte hatte Vorrang. So gewann Lovely Weite, aber verlor das Fundament aus seiner Vergangenheit. Eines Tages brach Lovely auf der Weide der Genüsse zusammen, die Weite in seinem Denken konnte sich nicht aus der Begrenztheit des körperlichen Seins lösen. Und als er so dalag, kam der Frosch Philo. Dieser war älter, voller Liebe und bodenständiger, disziplinierter Weite. Philo hatte Lovely schon öfters gesehen und seine Energien bewundert.

Und er sagte zu ihm: „Weißt du, lieber Lovely, auch ich würde gerne vieles kennenlernen. Doch ich brauche auch meinen Teich, das Wasser. Dieser Tümpel schenkt mir nicht bewusst erkenntnisreich Weite, aber er bereichert mich immer wieder mit einer mir unerklärbaren Kraft. In diesem Tümpel lebt die Vergangenheit und es entwickelt sich Zukunft, in einem Spiel von Gediegenheit und einer Dynamik von Bodenständigkeit. In diesem Tümpel und in diesem „immer wieder darin leben“, verliere ich mich nicht im Genießen von Häppchen. Lieber Lovely, die Vergangenheit meiner selbst umgibt mich und wird zur Quelle, zur Energie für meine Ausflüge.

Lieber Lovely,
behalte dein Nest im Auge. Lass diese Wurzeln nicht vertrocknen.
Lass diese Quelle nicht versickern."

Lovely schaute den kleinen Philo an. Wie oft hatte er von oben herab auf Frösche geschaut. Doch wie Lovely nun so dalag, war er nicht mehr hoch erhaben über Philo. Sein Kopf war erschöpft ins Gras gebettet. Lovelys Augen betrachteten diesen Frosch Philo. Doch nicht mit lustvoller Begierde auf das Häppchen, sondern mit liebevoller Nähe und dem tiefen Wunsch nach dieser Kraftquelle, die aus den Worten Philos sprach, ja geradezu heraus sprudelte.

Philo spürte die innerliche und äußerliche Erschöpfung Lovelys und sagte mit der Bestimmtheit, sich aus dem Leben verabschieden zu wollen: „Wir Frösche werden oft von euch Störchen gefressen. Unsere Aufgabe ist es, euch zur Stärkung zu dienen. Wir dienen oft nur eurem Körper zur Kräftigung. Auf unserem Sterben liegt oft ein Segen. Fresse mich darum jetzt, so bekommst du Kraft. Aber vergeude diese dann nicht mehr.

Denke an meine Worte, an die Begegnung mit mir, lieber Lovely!"

H) Pfarrer Christ und der Kater Ratio

Eine kleine Geschichte nicht nur zum Weihnachtsfest!

Es lebte einmal in einem Pfarrhaus ein älterer und weiser Pfarrer. Sogar sein Name bezeichnete das, was er sein wollte. Er hieß Pfarrer Christ. Doch er wohnte in dem großen Pfarrhaus nicht alleine.

Es gab da noch den Kater Ratio. Die Pfarramtssekretärin hatte ihn so genannt, weil er immer alles so durchdachte, vom Verstand her beleuchtete. Und Kater Verstand würde nicht so gut klingen, hatte sie gemeint. Aber das lateinische Wort dafür, das sei genau richtig. Mit einem Glas Sekt wurde dann der Kater zum Kater Ratio erhoben.

Pfarrer Christ und Kater Ratio waren eng miteinander verbunden, fast unzertrennlich. Oft gingen sie spazieren und bestaunten die Natur, die Sterne, die Pflanzenwelt und auch ihre eigene innere Natur. Pfarrer Christ, von Kater Ratio auch liebevoll „Chri" genannt, hatte schon viel erlebt. Viele dieser Lebensjahre hatten in seinem Gesicht

deutliche Spuren hinterlassen: Die Kriegsjahre, die Zeit des Aufbaus und auch die Jahre der Arbeit als Pfarrer in der Kirche und für diese Kirche. Manches war nicht einfach gewesen.
Und nun diese Zeit mit ihren schnelllebigen Faktoren in alle Richtungen: Interkulturell und auch interkonfessionell. Aber auch diesen Strukturenwechsel betrachtete er mit den Augen eines Menschen, der offen ist und mit einem Vertrauen zu Gott beseelt ist. Seine Eltern hatten liebevoll in ihm grundgelegt, was sie als Christen für wichtig gehalten hatten. Werte wurden einfach gelebt, sicher auch manchmal wenig oder weniger hinterfragt. Es war halt so und so soll es auch bleiben – eine solche Äußerung des Vaters klang noch jetzt im Ohr von Pfarrer Christ. Manchmal sogar dann, wenn er mit seinem Kater Ratio spazieren ging.
Pfarrer Christ war in seiner kleinen Gemeinde sehr geschätzt. Er war kein Mann der Prinzipienreiterei, der toten Gesetze und der Ordnung um jeden Preis.
Der Kater Ratio war dazu noch eine wunderbare Ergänzung. Dieser erlebte viel und streifte oft durch die Gegend. Er war vielem sehr aufgeschlossen. So manche Katze hatte er beglückt – nicht unbedingt mit dem, was sein Name vermuten ließ und bezeichnete. Doch diese Triebwelt war ein Teil seines Lebens, seiner Natur.
Er hatte schon öfters über das nachgedacht, was in ihm alles stecken würde, was ihn eigentlich zum Kater macht und dann noch zum Kater Ratio macht. Bei diesen Überlegungen schlich er gerne um die Beine von Pfarrer Christ, als wenn er seinen Freund Chri fragen wollte, wie er das eigentlich sähe. Manchmal kamen sie auch ins Gespräch. Dann redeten sie lange und teilten die Zeit, die Denkweise, aber auch die Erlebniswelten – also die Welt eines Katers und die Welt eines Pfarrers.
Manchmal teilten sie auch das Sofa. Auf diesem war man vereint – ohne Unterschied im Sein und auch trotz aller Verschiedenheiten. Wie einfach doch eigentlich das Glück ist – dachten beide manchmal in einer solchen Situation. Ob als Pfarrer oder als Kater.
So saßen beide nun wieder am Heiligabend auf dem Sofa. Im guten Wohnzimmer. Da war auch die Krippe aufgebaut. Und davor saßen sie.
Maria und Josef standen neben der Krippe und aus diesem Holzgestell streckte das Jesuskind die Arme nach oben. Wonnevoll strahlte das kleine Gesichtchen. Dieses kleine Kind freute sich wahrscheinlich darüber, einfach da zu sein. Vielleicht auch darüber, dass Ochs und Esel dabeistanden. Wer weiß es? Pfarrer Christ, der ja ein großes Herz hatte und auch an Kater Ratio dachte, hatte in diesem Jahr seinem

Ratio zu Weihnachten einen kleinen Kater aus Holz geschenkt – für die Krippe. Auch Katzen sollten an dieser großen Freude über eine solche Geburt teilhaben. Warum auch nicht?

Beide saßen also auf dem Sofa, dem gemütlichen und weichen. Bequem konnte man sich da strecken, besonders eben auch Ratio. Die Blicke waren auf die Krippe gerichtet. Pfarrer Christ ging noch die eben gehaltene Predigt von der Menschwerdung Gottes durch den Kopf. Nun zog er hier im Wohnzimmer auch genüsslich noch an der Pfeife.

Ratio putzte sich, wie es sich für einen Kater gehörte, die Pfoten und das Fell. Mit seiner rauen Zunge leckte er alles sauber.

Doch plötzlich legte sich langsam ein Grübchen auf seiner Stirn zurecht. Dieses zeigte an, dass Ratio geistig auf dem Weg war, tiefsinnig zu denken. Schließlich musste Ratio seinem Namen ja auch gerecht werden, und den „Verstand" gebrauchen. Sein Blick war auf die Krippe gefallen, auf die Tiere, auf die Menschen. Auch hallte noch die Predigt von seinem Chri eben bei der Christmette in seinem Ohr.

So schaute er nun fragend den neben ihm sitzenden, theologisch gebildeten und weisen Chri an und sagte: „Chri, ist dieses Kind in der Krippe nun ein Menschgewordener Gott – oder ein Gottgewordener Mensch?" Ratio war ein Denker und diese Frage bewies es wieder. Manchmal erschrak er selbst über solch schwierige Fragen von seiner Seite. Pfarrer Christ hatte einmal dazu gesagt, dass sogar Kinder manchmal Fragen stellen, die Erwachsene sehr nachdenklich machen würden.

Nachdenklich hatte er nun auch diese Frage gestellt. Doch Pfarrer Christ schien sie fast nicht gehört zu haben. Oder doch?

Chri nahm langsam die Pfeife aus dem Mund, seine Stirn runzelte sich, seine Augen bekamen Feuer und deutlich konnte Ratio nun hören: „Weißt du, Ratio, in der Kirchengeschichte gab es den Arianismus, der das diskutierte, und auch noch viele andere Theologen machten sich dazu Gedanken. Bücher wurden geschrieben. Das Thema: „Christus – Gott und/oder Mensch" ist ein schwieriges Thema. Vielleicht erkläre ich es dir, lieber Ratio, an einem Beispiel – auch wenn dieses etwas hinkt. Weißt du, was das heißt: Ein Beispiel hinkt etwas?"„Ja", sagte Ratio voller Stolz. Er war ja nicht so dumm, wie der Ochs in der Krippe. „Das Beispiel trifft nicht genau die Wirklichkeit, nur ungefähr, mit Abstrichen", war die Antwort. Chri strahlte ob solch einer tollen Antwort, nahm noch einen Zug aus der Pfeife und begann: „Stelle dir mal einen Dirigenten mit einem Orchester vor. Beide Arme bewegen sich, sie geben den Einsatz und noch vieles mehr. An diesen beiden Armen hängen die Harmonie, das Zusammenspiel und damit das, was der Zuhörer und die Zuhörerin bereichernd wahrnehmen. Beide Arme müssen sein, damit viele Einzelleistungen der Musiker und Musikerinnen in ein Ganzes gebündelt werden können. Beide Arme bilden ein Ganzes, ohne dass man sagen kann, einer sei wertvoller, als es der andere sei. Es geht nicht um ein „wertvoller sein“! Beide Arme müssen Arme sein, das ist das entscheidend Wichtige! Ob länger oder kürzer, ob dünner oder dicker, ob mit viel Muskeln oder mit wenig, darauf kommt es nicht an.

Gemeinsam vollbringen beide Arme, was vielen Menschen zu Gute kommt“. Kater Ratio folgte den Worten und dem Denken von Chri. Doch so langsam stieg in ihm der Gedanke auf, was das alles mit seiner Frage zu tun habe.

Pfarrer Christ merkte das sehr wohl und sagte zu ihm: „Die Betrachtung der beiden Arme hat viel mit deiner Frage zu tun. Ein Arm soll der Mensch sein. Sein Wesen, sein Innerstes, seine Körperlichkeit, sein „So sein“. Alles, was den Menschen zum Menschen macht, soll der eine Arm symbolisieren. Und weißt du, Ratio, was der andere Arm symbolisieren soll?“

Ratio war nicht auf den Kopf gefallen, er dachte schließlich mit und hatte schon viel von Pfarrer Christ gelernt. So konnte er – und darauf war er schon etwas stolz – eine passende Antwort geben: „Gott!“ Nur dieses Wort sagte er, aber in einem Ton, der deutlich machte, dass es keine andere Antwort geben könne.

„Richtig“, sagte Chri, auch mit etwas Stolz und Freude über solch einen gebildeten Kater. „Dieser Arm soll für das Göttliche stehen, das Vollkommene, das Reine, für die Quelle der Weisheit in jeglicher Natur. In der Bibel im Schöpfungsbericht wird gesagt: Im Anfang war das Wort und das Wort war bei Gott. Diese Dimension des Göttlichen soll der zweite Arm symbolisieren.“

Kater Ratio wollte nun nochmals deutlich machen, dass er mitdachte und unterbrach die Erklärung: „Und ein guter Dirigent, der den anderen Menschen etwas Gutes tun will, bringt beide Arme in Aktion und in eine gute Harmonie.“

Pfarrer Christ strahlte und sagte: „Genau so ist es. Wie beide Arme zum Zuge kommen müssen, so müssen auch beide Wesen des Menschen zum Einsatz kommen. Und dafür steht das Kind in der Krippe. Dieses Kind ist ein Mensch. Es lacht, schreit, hat Gefühle, braucht Zuwendung und vieles mehr. Es ist aber auch

Gott, mit allem, was wir vorhin über dieses Göttliche gesagt haben. Beides ist in ihm und beides wird durch ihn zum Einsatz gebracht – wie beim Dirigenten die Arme zum Einsatz kommen. An der Lebensgeschichte dieses Kindes, des Jesus von Nazareth, wird das sehr deutlich. Beide Naturen konnte er vollkommen harmonisch leben." Bei dem letzten Satz spürte Kater Ratio die innere Ergriffenheit von Pfarrer Christ. Er spürte, dass Chri gerne mehr von diesem Jesus übernehmen würde. So fragte er ihn: „Und je mehr der Mensch diesem Jesus nachfolgt, desto ähnlicher wird er ihm?"
„So glauben wir Christen. Er ist für uns der Weg. Je mehr wir so leben wie er, eingebettet natürlich in unser innerweltliches Eingebundensein, desto mehr spüren wir in unserem Tun den Arm des Göttlichen in uns. Dieses Kind in der Krippe macht uns die göttliche Dimension eines jeden Menschen bewusst."
„Beide Arme gehören zu einem Dirigenten – so wie beide Dimensionen zu einem Menschen gehören", sagte Kater Ratio in die Pause hinein, die Pfarrer Christ ließ. „Der Mensch ist schon ein besonderes Wesen, er hat so viel in sich und macht manchmal so wenig aus sich. Schade, dass ich kein Mensch bin", dachte Kater Ratio mit aufkommender Wehmut. Und plötzlich tauchte sogar der Gedanke in ihm auf, was er als Kater überhaupt wert sei. Pfarrer Christ spürte das, beugte sich zu ihm, schaute ihm tief in die Augen, streichelte ihm die Pfoten und dann durch das weiche Fell. Und sagte dann: „Lieber Ratio, du hilfst mir, dass ich diesem Jesus nachfolgen kann. Du bist mein Weggefährte und nicht ein „Nichts". Du hast es sogar manchmal besser als wir Menschen. Du brauchst nie ein möglichst guter „Dirigent mit zwei Armen" zu sein oder zu werden. Du kannst einfach leben. Du hast es gut. "Kater Ratio schaute Chri mit seinen dunklen Augen an und sagte zu ihm: „Stimmt. Du hast es auch gut. Du hast mich. Und du hast auch noch das Kind in der Krippe, das dir doch eigentlich ebenso sagen würde: Du Mensch hast es gut. Du hast mich, das Kind in der Krippe und die Wirklichkeit dieses Kindes sogar in deinem Innersten. "Beide saßen sie nun vor der Krippe, der Pfeifendampf zog nach oben und durch den Raum – fast mit den Gedanken der beiden eine Einheit bildend. Jetzt würde eigentlich nur noch der Engel fehlen, der beiden zuruft: „Lobt euer Sein. Der eine als Mensch und der andere als Kater!"
Welch ein heiliger, heilbringender und heilender Heiligabend.

l) Dialogpredigt zwischen dem Sänger der Popgruppe „Fantastischen Vier“ Thomas D. und Pater Alfred Tönnis zu Johannes 15,9–17

Die Bildrede vom Fruchtbringen:

Wie mich der Vater geliebt hat, so habe auch ich euch geliebt. Bleibt in meiner Liebe! Wenn ihr meine Gebote haltet, werdet ihr in meiner Liebe bleiben, so wie ich die Gebote meines Vaters gehalten habe und in seiner Liebe bleibe. Dies habe ich euch gesagt, damit meine Freude in euch ist und damit eure Freude vollkommen wird. Das ist mein Gebot: Liebt einander, so wie ich euch geliebt habe. Es gibt keine größere Liebe, als wenn einer sein Leben für seine Freunde hingibt. Ihr seid meine Freunde, wenn ihr tut, was ich euch auftrage. Ich nenne euch nicht mehr Knechte; denn der Knecht weiß nicht, was sein Herr tut. Vielmehr habe ich euch alles mitgeteilt, was ich von meinem Vater gehört habe. Nicht ihr habt mich erwählt, sondern ich habe euch erwählt und dazu bestimmt, dass ihr euch aufmacht und Frucht bringt und dass eure Frucht bleibt. Dann wird euch der Vater alles geben, um was ihr ihn in meinem Namen bittet. Dies trage ich euch auf: Liebt einander!

Lektionen in Demut

Schalte deine Reflektoren ab, Falke
Reflektionen sind hier fehl am Platz
Ich verwalte deine Welt für eine Weile
Gib' dich mir ganz hin
bis ich tief in dir drin endlich allein mit dir bin
Du kannst dich deiner Lektion nicht entzieh'n
Egal ob du dich mir stellst
Du kannst vor allem fliehen nur nicht vor dir selbst
Du redest dich um Kopf und Kragen als ob's um dein Leben ging
und alles Glück dieser Welt an deinem Ego hing

Du willst ein Held sein
Dein Kartenhaus fällt ein
Denn deine Welt kann nur ein Spiegel deines Selbst sein

Du bist allein nur ein halber Mensch
So fehlbar
Und die Stimmen in dir drin sind unzählbar
Doch vergiss' nicht
Vor dem Sturz steht der Hochmut
und nach dem Fall folgen Lektionen in Demut

Knie nieder, Nichts
und danke der Welt, dass sie dir ein Zuhause gibt
und dich am Leben hält
Und dann erhebe dich, Prinz
Nutze deine Macht gut
Nimm' die Lektion des Lebens in Demut

Du hast die Wahl ob hier das Paradies oder die Hölle ist
Denn du bist Schöpfer deiner Welt obwohl du Teil von ihr bist
Du trägst Verantwortung für Alles was in deinem Leben geht
und auch ein Stück vom Herzen eines Jeden der dir nahe steht
Und wenn du dich dennoch fühlst wie jemand der alles verloren hat
und Gott für alles die Schuld gibst nur weil er dich geboren hat
Dann wird es Zeit, dass dich endlich jemand am Kragen packt
Dich schüttelt und dir sagt, dass er's nur einmal sagt

Du willst ein Held sein
Dann tritt' für die Welt ein
und lass' die Liebe wieder Spiegel deines Selbst sein
Es ist deines Lebens Ziel, dass du es auch liebst
und du gewinnst dein Ego spielend wenn du's aufgibst
Du hast dir Liebe geschworen und hast dazu den Mut
Dann wirst du neu geboren durch Lektionen in Demut

Knie nieder
und danke der Welt, dass sie dir ein Zuhause gibt
und dich am Leben hält
Und dann erhebe dich

Nutze deine Macht gut
Nimm' die Lektion des Lebens in Demut

Ich fühl' mich schwach und müde
Als hätte ich Tage nicht geschlafen
Als bliebe ich wach und übte mich darin mich zu bestrafen
Der, der einst so groß war
endet als Hofnarr
Doch ich erhebe mich
strebe zum Licht
fühle mich wie ein neues Wesen das zum ersten Mal spricht
Ich bin bereit auf das zu hören was mein Leben mir zu sagen hat
Erkenntnis zu erfahren
die man am Ende aller Fragen hat
Den Zustand zu bewahren
um alles fließen zu lassen
Um die Freiheit zu empfinden
und die Einheit zu erfassen
Alle Ängste überwindend
hab' ich mein Ziel erreicht
Spühr' die Kraft in meinem Innern die dem Universum gleicht
Was das Leben jedem Wesen mitgegeben hat
fließt durch jede meiner Venen wie Starkstrom

Und ich werde der Held meiner Welt sein
im großen Kampf um eure Seelen seid ihr nicht mehr allein
Es fallen endlich alle Regeln und Barrieren ab
Und ich seh' was ich noch zu regeln und zu klären hab'
Ich bete ein "Ich verzeih' dir"
und ein "Es tut mir Leid"
Zur Klärung der Vergangenheit

Und ich werde der Held meiner Welt sein
Im großen Kampf um eure Seelen seid ihr nicht mehr allein
Es fallen endlich alle Regeln und Barrieren ab

Und ich seh' was ich noch zu regeln und zu klären hab'
Ich bete ein "Ich verzeih' dir"
und ein "Es tut mir Leid"
Zur Klärung der Vergangenheit

Pater Alfred: Wir haben diese Stelle aus dem neuen Testament, aus dem Johannesevangelium gehört. Wir haben auch das Lied von Thomas D. gehört, Lektionen in Demut. Passt beides zusammen, oder hat beides sehr wenig miteinander zu tun? Ich würde dir, Thomas D., einfach mal diese Frage so stellen:

Thomas D: Das ist keine einfache Frage. Ich denke, es sind natürlich zwei Ebenen oder zwei Kapitel, die jeweils für sich natürlich schon abgeschlossen oder vollständig sind. Bei mir, bei Lektionen in Demut, handelt es sich ja eigentlich um einen Superhelden, der zum ersten Mal erkennt, dass er auch fehlbar ist, dass er nicht besser ist als anderen, sondern dass er genauso seine Schwächen hat und genauso leidet unter seinem Schicksal, das er sich aber selbst gewählt hat.
In dem Kapitel aus der Bibel geht es um Freunde und um Liebe.
In Lektionen in Demut geht es eigentlich um den Part zurück zu sich zu finden, auch sicherlich zu einer Selbstliebe und zu einem Bewusstsein der eigenen Fähigkeiten, der eigenen Größe – aber zuerst durch das Erkennen, wie klein man doch ist.
In dem Bibeltext gab es ja Gebote, die vom Herrn an den Sohn und von Jesus an uns weitergegeben werden, weitergegeben wurden. Das ist bei mir sicherlich etwas offener. Da geht es um die eigenen Gebote, die jeden von uns angehen, die die Menschheit unter einem Dach als Einheit sieht, aber bei mir ist dann wieder auch jeder der eigene Held, der sich befreit durch die eigene Kraft. Zumindest in dem Beispiel aus meinem Lied.
In „Lektionen in Demut“ sind es die Lektionen des Lebens, die einen vielleicht erst mal runterbringen und den Kopf hängen lassen und dann aber durch die Erkenntnis schenken, dass wir alle auch diese Lektion brauchen, auch um nicht abzuheben und dann wieder zu neuem Bewusstsein zu kommen und aufzustehen, und um dann sagen zu können, o.k., es geht weiter.

Pater Alfred: Hast Du solche Lektionen in deinem eigenen Leben erlebt?

Thomas D.: Ich sag´ manchmal ganz gern, dass ich ein Glückskind bin. Ich bin vor harten Schicksalsschlägen, Gott sei Dank, verschont geblieben und somit mehr auf der Sonnenseite gewesen. Aber emotional schon, es muss ja nicht immer tatsächlich etwas passieren, damit man sich schlecht fühlt. Es sind ja viele Werte, an die man sich klammert, die im Kopf sind, die man haben will, irgendwas, das man erreichen will. Und da gab's für mich natürlich auch einige Lektionen in Demut.

Pater Alfred: Du hast in deinem Lied und schon in der Überschrift „Lektionen in Demut" ja zwei Worte gebraucht, einmal „Lektionen" und einmal „Demut", die ja sicherlich so bei uns einen kleinen Beigeschmack haben. Demut ist nicht „in", vermute ich mal. Ich frage mal einen Zuhörer hier in der Kirche. Hier vorne, dich:

Pater Alfred: Was verstehst Du unter Demut?

Zuhörer: Demut ist einfach, dass man gehorcht, oder dass man nicht so viel Unsinn macht.

Pater Alfred: Gehorchen und keinen Unsinn machen, sagst du. Demut heißt ja eigentlich Mut zum Dienen, meint eigentlich etwas sehr Positives. Es ist eigentlich eine ganz große Charaktereigenschaft überhaupt demütig zu sein und demütig sein zu können.
Mut zum Dienen also. Jesus hat uns ja eigentlich das vorgemacht, diesen Mut zu zeigen, zu dienen, indem er sich gerade mit Randgruppen, mit anderen Menschen, die nicht so in unser Denken passen, beschäftigt hat, sich eingelassen hat.

Thomas D.: Ja mehr noch, indem er im Endeffekt sein Leben gab für die Sache, indem er bis zum Ende seiner menschlichen Existenz zumindest nicht abgewichen ist von seinem Weg. Das ist, glaube ich, das größte Opfer – oder das zeigt, dass der Weg das Wichtigere ist als quasi das eigene Leben: Also das ‚Ob's mir gut geht' oder nicht, ist nicht so entscheidend wie, bei wem ich im Dienste stehe, was mir am Wichtigsten ist, ob ich meinen Weg verfolge, für den ich mich entschieden habe. Und ich glaub', was uns tatsächlich fehlt und was natürlich in der westlichen Zivilisation, wo es uns allen ja recht gut geht, sicher schwer zu sagen ist, wozu soll ich demütig sein?

Ich hab' mir doch das erarbeitet, was ich habe. Aber gerade das führt ja zu einer gewissen Arroganz, und dann auch sehr schnell zur Ignoranz, dass man vergisst, wie's andern geht und dass man vergisst, wie's der ganzen Welt geht – auch natürlich dass wir auf der Welt's Kosten leben. Und da glaube ich, dass die Demut vielleicht heutzutage erforderlicher ist, denn je, um den Kopf, die Nase nicht so hoch zu kriegen, sondern zu sagen, hei, wir sind alle gleich und wir müssen wirklich dafür sorgen, dass es jedem hier gut geht. Und das Wohl des Einzelnen muss immer unter das Wohl der Gemeinschaft gestellt werden, d. h. man muss für die Sache ran. Und das glaube ich, ist diese Demut, das fordert diese Demut.

Pater Alfred: Ich möchte noch auf den einen Satz im Evangelium zurückkommen: Es gibt keine größere Liebe, als wenn einer sein Leben für seine Freunde hingibt. Was würdest du zu diesem Satz sagen?

Thomas D.: Das ist wahr. Das ist wahrscheinlich sehr schwer, schon sich das vorzustellen, dass man wirklich jetzt in der heutigen Zeit sein Leben für seine Freunde geben müsste oder würde – denn ich glaub´, dass wir alle über einen Egoismus verfügen, also über ein so großes Ego, dass wir sagen würden, nee, nee lieber der andere anstatt ich. Aber wichtig ist ja der Moment, wenn man sagt, ich steh' für meine Freunde ein, ich will für die Menschen da sein, die ich liebe. In dem Moment, in dem man das nicht mehr tut, verleugnet man den ganzen Weg, den man gegangen ist. Man wirft sein Leben quasi weg in diesem Moment. Deshalb gibt es eigentlich keinen anderen Weg, als wirklich zu sagen, o. k. wenn's drauf ankommt, dann werde ich mein Leben lassen für meine Freunde. Dazu kommt noch, und das ist jetzt wieder eine Glaubensfrage, und wir sind hier in einem Haus, wo man auf jeden Fall an ein Leben nach Tod oder an ein Paradies glaubt und ich persönlich glaube auch, dass die Seele unsterblich ist und dass es weitergeht und unsere Zeit hier auf der Erde ist gezählt. Wir alle werden sterben und deshalb ist es, glaube ich, nicht erforderlich, das Sterben zu verdrängen oder den Gedanken daran bis zum Ende hinauszuzögern, sondern wirklich zu sagen: Ich habe gelebt und hab' versucht jeden Tag wirklich alles zu geben für die Menschen, die ich liebe oder sogar auch für alle Menschen, für die Welt. Und dann ist es eigentlich egal, wann man stirbt. Wenn man sein Leben lassen muss, dann ist es wohl Teil des Plans.

Pater Alfred: Wessen Plans?

Thomas D.: Eines sehr großen Plans.

Pater Alfred: Und da gehen einfach auch gewisse Grundhaltungen von Religionen auseinander. Das muss man eben auch sehen. Denke ich mal?

Thomas D.: Also wenn wir über Gott reden wollen, können wir das gern. Ich glaube an den Schöpfer und ich glaube an den großen, an etwas, das alles geschaffen hat. Ich würde ihn nur nicht auf eine Religion reduzieren wollen. Ich glaube, für uns alle, egal wie wir ihn definieren, ist wichtig, dass wir die Präsenz von Gott spüren. Und da muss man meiner Meinung nach weder katholisch noch evangelisch oder buddhistisch sein oder egal in welche Richtung gehen, solange man ein Bewusstsein hat, ein Gefühl für etwas, das größer ist als wir und doch Teil von uns oder wir Teil von diesem. Als wir jetzt hierher gefahren sind, waren wir ja einige Stunden unterwegs. Wir waren ja auch erst im falschen Biberach, das lag daran, das ist ganz lustig, weil unser Herr Pfarrer hat ja geschrieben Mittelbiberach und wir dachten, das wäre so eine Art Lokalpatriotismus, (Pater Alfred sagt deutlich: Ja, ja), also quasi in der Mitte, da wo die Kirche steht und haben dann nur nach Biberach gesucht, da gibt's ja einige hier in der Nähe und dann 60 km von hier waren wir auch in so einem ganz kleinen Dorf mit einer Kirche, aber sonst niemand außer uns und nachdem wir dann zurückgefahren sind, herrlich über's Land und ich liebe ja das Land, ich liebe die Natur und draußen ist wirklich der Moment, wo mir das Herz aufgeht und wenn ich dann die Natur sehe, denke ich, das ist, das ist genau so ein Beweis der Schöpfung, Beweis Gottes, wie, wie es vielleicht dieses Haus, die Kirche hier ist oder ihr seid. Also insofern kann man, glaube ich, Gott überall sehen und finden. Man muss nur einfach das Bewusstsein dafür entwickeln oder haben, dass wir nicht der Endpunkt der Schöpfung sind, nicht das Größte auf dieser Welt, sondern dass genauso der Baum, genauso jedes Tier, genauso Teil dieser Welt ist und die eben nur in ihrer ganzen Vielfalt, mit all ihren Facetten wirklich so perfekt ist und so eben auch geschaffen wurde, nehme ich an.

Pater Alfred: Wer hat Dir beigebracht, dass man eigentlich Gott in einer Religion oft einengt?

Thomas D.: Na ja, ich seh's eben. Ich seh's durch religiöse Leute.

Pater Alfred: Im Denken enge Leute?

Thomas D.: Es ist einfach. Es wurde mir früh vermittelt. Ich bin evangelisch und da kam dann sehr früh, als ich im Konfirmationsunterricht war, leider der erste Bruch für mich, weil dort die Frage aufkam bzw. da hab ich gemerkt, dass eine Mitkonfirmandin neben mir gar nicht an Gott glaubt und sie hat sich lustig darüber gemacht. Sie sagte zu mir: Betest Du jeden Tag oder was? Und ich sagte: Ja klar, was ist denn los? Und sie meinte dann, das wäre ihr zu peinlich, und dann sagte ich zu unserem Pfarrer: Moment mal, wir sollten hier erst klären, ob es einen Gott gibt oder nicht, weil wir hier Leute haben, die glauben nicht dran. Und er meinte dann: Ja, das ist ein guter Punkt, das können wir gerne später noch besprechen.
Das war das Ende. Und da dachte ich mir: Nee, nee, nee also meine Religion oder mein Glaube – der stellt sich, der outet sich auch, der kann sich nicht in einem Prinzip verhalten, in Regeln und in den Regeln, die durch die Kirche aufgestellt werden. Ich bin der festen Überzeugung, dass weder Gott noch Jesus Regeln hatte – außer: Liebt Euch! Und geht respektvoll mit der Welt um! Und seid der Erde untertan! Und ich glaube aber daran, dass Menschen die Message, die Nachrichten, die guten Nachrichten von Gott verfälscht haben, um dadurch andere zu kontrollieren und zu beherrschen. Man sieht das ja teilweise auch an den Kreuzzügen, genauso wie bei den heiligen Kriegen, die wir jetzt wieder öfters erleben. Also allein das Wort, da krieg ich zu viel.

Pater Alfred: Da stehen Dir die Haare zu Berge! (*Wegen der „stehenden" Haarfrisur)*

Thomas D.: Aber wirklich!

Pater Alfred: Aha, jetzt wissen wir's! – Gelächter –

Thomas D.: Mein Gott oder ein Gott der Liebe gibt sein Leben für andere hin – aber er fordert es nicht. Und da hab' ich mich dann auch mit dem Buddhismus beschäftigt und kam da zu einer freieren Interpretation von etwas Heiligem. Buddhisten sind ja so auf'm Trip, die sagen, jeder muss den Weg der Erleuchtung selber gehen, also selber den Weg gehen, den Buddha oder auch Jesus gegangen ist und es hilft nichts, darauf zu warten, dass wir, wenn wir sterben, dann in ein Paradies kommen. Also, meine Meinung ist, wir sind im Paradies. Wir sind im Paradies und wir sind in der Hölle und wir suchen uns das alle jeden Tag raus durch unsere Geisteshaltung, durch unsere Einstellung zu den Dingen. Denn auch das, was sehr viel Hoffnung gibt und manchmal auch der einzige Ausweg für mich ist, um nicht zu verzweifeln an der Ungerechtigkeit, die unsere Welt heute mit an den Tag bringt, ist, wenn's einen höheren Plan gibt. Und davon gehe ich aus. Dann ist die ganze Weltsituation, die wir gerade haben und alle Ungerechtigkeit, scheinbare Ungerechtigkeit, alle Schmerzen, die jeder von uns und ganz viele Leute draußen, vor allem, die nicht in der ersten Welt leben ertragen müssen, ist gerechtfertigt und hat einen Grund, hat einen höheren Plan. Und das hilft mir dann wieder, nicht zu verzweifeln, sondern die Hoffnung zu behalten, und um sagen zu können: Ja, Du weißt warum, Chef! Unsere Eingeschränktheit hält uns davon ab zu erkennen, warum wir dort sind, wo wir gerade sind. Und dennoch gilt natürlich, wir können die Verantwortung nicht abgeben, sondern wir müssen uns wirklich jeden Tag entscheiden, auf welcher Seite wir stehen. Treten wir für das Gute ein, oder lassen wir uns gehen.

Pater Alfred: Du hast in Deinem Text Lektionen in Demut gesagt oder geschrieben oder getextet: Wir schaffen uns unsere Hölle oder wir schaffen uns unser Paradies. Wenn ich diesen Satz jetzt erweitern würde und sagen würde, wir schaffen uns unsere Hölle, wir schaffen uns unser Paradies eingebunden aber auch in einen Heilsplan Gottes. Könntest Du das so unterschreiben?

Thomas D.: Ja. Das würde ich durchaus unterschreiben. Also der größte Plan, der Plan Gottes, in dem ist das Paradies genauso wie die Hölle beinhaltet. Also mein Glaube, ich glaube an das ultimativ Gute, das oben steht. Ich glaube nicht an einen Konflikt oder einen Teufel und einen Gott. Gott ist alles. Gott hat alles gesehen. Wir dürfen uns nicht einbilden, dass Gott etwas nicht gesehen hat, wenn es schlimm ist oder böse, dass Gott keine Ungerechtigkeiten sieht.
Er wär' doch kein, er wär' doch nicht der Schöpfer, wenn er nicht alles sehen würde und wenn nicht auch alles tatsächlich in seinem Plan wäre. Aber gefährlich ist der Gedanke, glaube ich, an der Stelle, wo man dann denkt, ja dann kann ich ja nichts

tun. Dann ist es ja egal, was ich mache. Das stimmt nicht, denn ich würde sagen, Gott wirkt durch uns alle.

Pater Alfred: Wir haben einen Auftrag!

Thomas D.: Ja, exakt.

Pater Alfred: Diesen Auftrag, den siehst Du und lebst Du im Grunde genommen auch durch Deine Lieder, durch Deine Arbeit, auch durch Dein Hiersein bei uns. Denke ich auf jeden Fall mal, oder?

Thomas D.: Ja, dadurch versuche ich halt auch einen kleinen Teil beizusteuern. Ich meine, wir haben alle die gleiche Zeit an jedem Tag und meine Arbeit ist sicherlich nicht wichtiger als wirklich jede Form der Nächstenliebe. Den Leuten auf der Straße ein Lächeln entgegenzubringen oder sich nicht frustrieren zu lassen, wenn jemand schlecht gelaunt ist, oder es jemandem nicht übel zu nehmen und keine bösen Gedanken zu haben und es jemandem heimzuzahlen. Das alles ist tägliche Arbeit und wirklich dann, glaube ich auch, Spiritualität im Alltag.

Pater Alfred: Was würdest Du, um noch mal ein anderes Thema aufzugreifen, dieser jungen Dame hier vorne in der zweiten Reihe sagen, was sie als besonderen Wert erkennen sollte? Was wäre für ihren Lebensweg wichtig, oder worauf sollte sie besonders achten, wenn sie so in die Zukunft hineingeht? Religion, Gott, Kirche oder auch nichts davon. Lieber im Buddhismus suchen oder lieber mit Freunden auf Tour sein oder die Heldin sein oder was? Was würdest Du ihr empfehlen?

Thomas D.: Da wir uns nicht kennen und da das natürlich sehr schwer ist, kann ich nur eine Empfehlung geben, die ich jedem geben würde: Ich glaube, Respekt und Aufmerksamkeit sind ganz wichtige Sachen. Aufmerksamkeit heißt, sich auch in andere hineinversetzen zu können, auch zu sehen, welche Auswirkungen ein scheinbar nichtiges Verhalten hat. Ich erwähne da gerne immer so Beispiele, wie wenn man beim Zähneputzen das Wasser laufen lässt. Ja das muss nicht sein. Das sind so kleine Sachen, die wir alle täglich machen, wo wir uns nicht drum kümmern, weil wir's" „haben. Mehr Aufmerksamkeit im Umgang mit den täglichen Dingen wünsche ich uns allen. Ich wünsche uns allen auch, dass wir keine Tiere mehr essen, aber damit komme ich leider immer nicht ganz so gut an, weil den normalen Umgang, den wir alle kennen mit unseren Tieren ist eben, dass wir sie züchten und schlachten. Meiner Meinung nach hat jedes Lebewesen das gleiche Recht auf Erfüllung seiner Grundbedürfnisse, d. h., kein Lebewesen will Schmerzen erleiden und jedes Lebewesen will Freude verspüren. Ich hab' ein paar Tiere zu Hause und da kann man das deutlich beweisen. Die freuen sich, wenn ich komme und wenn ich ihnen kein Futter gebe, dann leiden sie.

Ich will damit sagen, ich habe das so schön gelesen in einem Buch: Da sagte einer, wenn du einen Stein die Straße entlang kickst, dann wird er sich nicht beschwerden, aber wenn du eine Maus die Straße entlang kickst, dann wirst du hören, dass sie sich beschwert. Also ich glaube daran, dass, wie gesagt, alle Lebewesen gleich sind vor Gott. Das heißt nicht, dass sie alle das Gleiche machen dürfen. Das bringt nichts, einem Hund ein Wahlrecht zu geben oder ihn von deinem Teller essen zu lassen. Es geht nur darum, ihn nicht in Käfigen zu halten oder eben Tiere nach Möglichkeit artgerecht aufwachsen zu lassen. Das ist, glaube ich, der erste Schritt. Wir müssen noch nicht alle Vegetarier werden. Wir müssen nur lernen, dass wir die Tiere mit Respekt behandeln, um somit auch das Leiden in dieser Welt zu verringern. Denn ich glaube auch, dass alles auch zu uns zurückkommt. Das ist der Punkt. Auch das Leiden, alles was man säht, wird man ernten. Es kommt alles zurück und wir können uns nicht darum drücken in der Hoffnung, vielleicht kommt es nicht in diesem Leben zurück. Sondern es kommt zurück und es wird jeden von uns treffen. Alles, was wir rausgeben und das ist dann auch der Rat: Wenn ihr Liebe ernten wollt, dann liebt bedingungslos. Und wenn ihr gerettet werden wollt, dann rettet. Das ist wirklich alles ein Spiegel. Und es erfordert natürlich täglich tatsächlich Kraft und Glauben, auch um jeden Tag aufzustehen und sagen, o. k. ich lass' mich nicht frustrieren oder enttäuschen, sondern ich halte durch und ich stehe ein für das Gute. Ansonsten, such' dir ´nen reichen Mann, brauchst nicht arbeiten.

Pater Alfred: Also auch sehr praktische Empfehlungen. Wenn wir auf Jesus schauen, wenn wir auf Gott schauen, egal auch welch ganz konkretes Gottesbild wir haben, dann schauen wir ja auf ein Vorbild, auf ein Wesen, das uns etwas sagen will, das uns auch etwas ins Herz hineingelegt hat, das durch uns wirken will. Irgendwo sind wir eigentlich auch ein stückweit Werkzeuge, wir sind ja ein stückweit Knechte, wenn man es so auch formulieren will, eines höheren Lebewesens. Dieser Auftrag eben, den wir haben, dieses stückweit Knecht sein, was Jesus dann eben erweitert in Freund sein, nicht nur Knecht sein. Sondern ich habe euch Freunde genannt und diesen Auftrag dann eben auch zu erfüllen, bedeutet ja, dass wir Zeugen sind, glaubwürdige Zeugen unserem Auftraggeber gegenüber, aber unser Zeugnis ist auch eingebunden in unsere Möglichkeiten. Es hat ja keinen Zweck, wenn Gott mir jetzt sagen würde oder wenn Gott mir den Auftrag geben würde, ich soll die Menschen lieben, aber ich kann mich selbst nicht mal lieben. Dann ist ja eigentlich erst mal der springende Punkt, dass ich daran arbeiten muss, mich selbst zu lieben und dann erst daran, andere zu lieben. Ich muss also im Grunde genommen meine Perspektiven, meine Möglichkeiten, sehr deutlich kennen. Das hast Du sehr deutlich vorhin auch gesagt, die muss ich kennen, wissen was in mir steckt. Held sein ist also im Grunde genommen nicht nur etwas, was Jesus war oder Gott irgendwo ist, sondern Helden sind wir eigentlich dann, wenn wir diesen Auftrag erspüren und leben?

Thomas D.: Die Definition von Held ist tatsächlich eine ganz wichtige in dem Punkt. Wir dürfen nicht von dem Helden ausgehen, der uns aus Amerika quasi schon ewig verkauft wird, den wir in den Filmen sehen. Da macht der Held eigentlich genau das Gleiche wie der Bösewicht und nur weil er auf der richtigen Seite steht, oder weil er Recht hat, laut Definition des Regisseurs meistens, darf er das. Und da hab ich auch schon früh gedacht, das ist eigentlich kein Held. Ein Held ist jemand, der im Kampf mit sich selbst vielleicht steht, der sein Ego überwindet, der die Hand, eine helfende Hand aufzuhalten weiß oder heutzutage über Liebe sprechen kann. Das erfordert eher Heldentum. Etwas zuzugeben, vielleicht, dass man weich sein kann, dass man Ängste hat, Zweifel, genauso an sich zweifelt.

Pater Alfred: Kannst Du weinen?

Thomas D.: Ja. Ich weine lieber, wenn ich etwas sehr schön finde und Gott sei Dank, habe ich da auch mehr Anlass dazu. Aber ich hab' auch schon geweint, wenn's schlimm war. Allerdings ist tatsächlich auch das wieder ne Frage: Was ist schlimm? Man sieht etwas als schlimm an, aber mir ist es, Gott sei Dank, oft vergönnt, dann auch gleich dahinter zu gucken und zu sagen, du bist jetzt enttäuscht, aber das war deine Erwartungshaltung vorher. Du wolltest etwas. Du hast es nicht bekommen. Deshalb bist du traurig. Aber es geht mir gut. Wir stehen hier. Wir reden miteinander. Ich habe keine akuten Schmerzen gerade, also da sollte man sich nicht beklagen, da gibt's keinen Grund eigentlich, um wirklich traurig zu sein.

Pater Alfred: Glaubwürdige Zeugen sind eigentlich heute gefragt. Das ist mein Empfinden. Glaubwürdige Zeugen in der Politik, bei allen Parteien, glaubwürdige Zeugen in den Kirchen. Ich möchte es auch mal allgemeiner sagen, glaubwürdige Zeugen auch unter uns allen hier, die wir uns hier versammelt haben, Zeugnis zu geben a) von einem Auftrag, den wir erhalten haben und b) von unserer Schwachheit, die durch Gottes Gnade aufgefangen wird. Diese Spannung zu leben, konkret zu leben, durch unser Vorleben zu dokumentieren, ist das „glaubwürdig Zeugnis geben“?

Thomas D.: Nichts ist schlimmer wie ein Mensch, der große Reden schwingt und jeder guckt dahinter und sieht, der ist ja gar nicht so. Also da muss man auch vorsichtig sein. Wir haben den Auftrag, aber wir sind auch selber immer gefordert an uns zu arbeiten, um eben unsere Fehlbarkeit, die wir haben als Menschen, die uns auch wunderbar macht, zu bearbeiten. Also ich denke mal, wenn wir perfekt wären, wär's auch ziemlich langweilig. Die Emotion, das Leben, spielt sich in diesen kleinen Macken ab von uns, in diesen Fehlern, die uns teilweise persönlich total nerven, aber für andere vielleicht charmant sind, oder auch gerade Grund sind, sich zu freuen oder sich zumindest zu amüsieren. Also es ist ein an sich arbeiten, aber kein verkrampftes und sich deshalb selber vielleicht nicht mehr zu lieben oder nicht mehr zumindest zu respektieren, sondern ein respektvolles Wachsen und eben in dem Maße wie man weitergeben kann und wie man sich darüber im Klaren ist, was man weitergibt, das dann eben auch zu tun. Weil, sonst wird man auch unglaubwürdig, wenn man groß Reden schwingt. Man merkt dann, wo wir gerade bei der Politik sind, wie oft hört man da von Rhetorikseminare, die diese Herrn gemacht haben und ich weiß schon, wie die reden, aber ich weiß bis heute nicht, was die mir sagen wollen. Da kommt nichts durch, ich kann es nicht spüren. Und das ist, glaube ich, genauso wichtig, dass man es spürt, dass wenn einem jemand etwas erzählt, und das wissen wir ja alle, wenn einer aus dem Urlaub gekommen ist und hat die Höllenstory auf Lager, der ist dann so emotional und so erfüllt davon, dass man schon selber fast da ist auch an dem Strand, von dem er die Geschichte dann auch mit rüberbringt. Also glaube ich, dass wenn wir über das Leben, oder Gott oder die Liebe sprechen, wobei alles ja sehr zusammengehört, dass wir eben im gleichen Maße das auch empfinden müssen, damit wir es glaubhaft weitergeben können. Wir müssen es erleben und spüren. Das Schönste ist, dann muss man teilweise gar nicht mehr darüber sprechen, sondern dann sieht man es den Leuten an, wenn sie erfüllt sind, wie die Augen leuchten und alles. Dann musst du gar keine Leute mehr bekehren. Dann bist du Vorbild, dann bist du genau das, was andere aufmerksam werden lässt, wo andere anfangen über dich zu reden. Sag´ mal, warum ist der so und guck mal, wie der sich verhält. Ich glaub, das ist der beste Weg im Endeffekt, weil, wie war das, Weisheit oder Wissen, Erleuchtung kann man nicht lehren. Man kann sie nur lernen. Vielleicht trifft das hier auch ein bisschen zu. Dass man etwas nur bedingt weitergeben kann, aber dass ein Bewusstsein von dieser Welt, von einer göttlichen, von einer Anwesenheit, von einer ständigen Anwesenheit eines göttlichen Geistes, dass das nur von jedem persönlich auch wirklich erfahren werden kann. Wir können sehr viel darüber reden und wir können auch viel darüber lesen, aber in manchen Momenten und ich wünsche mir, dass ihr sie alle auch bereits hattet, in kleinen Momenten, wo wirklich Gott gegenwärtig ist, wo man eine Gänsehaut kriegt auf Grund von dem Wunder, dem wir beiwohnen in jedem Augenblick, das sich Welt nennt, Leben, Universum unser Hier und Jetzt. Das ist die Lehre, das ist der größte Beweis eigentlich, den kann man gar nicht in Worte fassen, sondern das ist dann das Gefühl, das ist der Spirit, die Spiritualität, das ist dann Gott.

Pater Alfred: Gott hat ja jeden Menschen geschaffen. Jeden Menschen, nicht nur uns, 500 oder 600, die wir hier sind, sondern jeden Menschen auf der ganzen Welt hat er geschaffen und hat ihm seinen Auftrag gegeben, Mitarbeiter oder Mitarbeiterin in dieser Welt auch zu sein. So groß ist eigentlich Gott. Und diese Idee „Gott" eben auch, die er in jeden Menschen hineingelegt hat. Diese Idee sollen wir ja auch mit verwirklichen in dieser Welt und zwar konkretisieren, sie erden. So wie wir es oben auch können. Wenn wir uns das vor Augen halten, dann müssten wir uns auch immer sagen, wie oft machen wir Gott klein: Katholischer Gott, evangelischer Gott, und so weiter und so fort, und wie groß ist eigentlich dieser Gott?

Thomas D.: Und ich denke die tatsächlichen Auswirkungen des „in Arbeit stehen" für Gott, die drücken sich dann aus zum Beispiel in dieser, was Sie mir vorher erzählt haben, Hilfseinrichtung (Pater Alfred: Ulrika-Nisch-Haus) für junge Mütter und so, das ist praktizierte Nächstenliebe. Das ist etwas, wo man sagt, das ist der Auftrag von Gott, weitergegeben durch den Menschen. Ich glaube, in solchen Kanälen müsste es dann, sollte es dann wirken. Dass man wirklich das, was man tut, als einen täglichen oder zumindest als einen Beitrag sieht, den man leisten will für Leute, denen es nicht so gut geht, für Menschen und Tiere, die nicht so begünstigt sind. Oder die Probleme haben in jeder Form, auch mit sich selber, auch geistig teilweise. Denen zu helfen, das ist dann, glaube ich, der aktive Teil, den wir alle leisten können und was vielleicht auch Teil des Auftrags ist.

Pater Alfred: Wenn ich jetzt hier in die Kirche hineinfragen würde, hättet ihr euch so, mit diesen Ansichten, mit diesen Einsichten, mit diesen Äußerungen, die Thomas D. jetzt hier geäußert hat, hättet ihr euch das vorgestellt? Ich möchte mal einen kleinen Test machen. Wer sagt nein? Bitte Hand hoch! Ehrlich?
Und wer sagt ja? Das ist Thomas D. Genauso, das haben wir erwartet?
Das sind also schon ein paar weniger. Also man hätte es eigentlich nicht erwartet. Warum hätte man es nicht erwartet? Warum, glaubst Du, haben die meisten oder viele nicht erwartet, dass Du solche Ansichten, auch von Gott, von Deiner Zeugnisgabe auch über eine religiöse Idee, die Du ja auch durchaus unterstützen kannst, warum glaubst Du, dass viele das nicht vermutet hätten, dass Du das hast?

Thomas D.: Das hängt sicher mit mehreren Faktoren zusammen. Zum einen bin ich ja bekannt geworden über die Phantastischen Vier, mit den Phantastischen Vier. Die Phantastischen Vier stehen für ein breiteres Feld, stehen für Lebensfreude, mit Sicherheit auch für ein Stück weit Philosophie. Aber wenn man die Platten nicht genau kennt, dann sind es eben die Singles oder Hits, die wir hatten, die dann als Erinnerung bleiben. Das macht's schon mal schwer, mich wirklich kennen zu lernen. Sicherlich, ich bin in meinen Liedern vielleicht meine bessere Hälfte, also ich versuche schon so zu sein oder das zu leben, was ich in meinen Liedern sage, aber natürlich, es sollte nicht natürlich sein, gelingt es mir nicht jeden Tag. Und deshalb, glaube ich, muss man erst meine Lieder kennen, um dann einen Rückschluss auf meine Person zu ziehen und das vor allem auf den Soloplatten. Denn auf den

Soloplatten, wo ich dann allein wirklich alle Texte geschrieben hab', bin ich ab einem gewissen Punkt, vor, es ist schon ein paar Jahre her, immer deutlicher in eine Richtung gegangen, sag' ich mal. Da ging's immer mehr um Bewusstsein, um Liebe und Kraft, Hoffnung, Glaube, Respekt. Und wenn man das nicht so verfolgt, dann ist es klar, dass man ein Bild hat von jemandem, der ab und zu mal in den Medien ist, der lustige Brillen trägt und verrückte Haare hat. Dass man denkt, na der Typ, der spinnt halt. Oder ich weiß nicht, ich will niemand was unterstellen, was er denkt, aber manche denken eben, ja das ist eben ein Popstar. Man weiß ja, wie die sind, man liest ja viel drüber, die hängen ja immer nur mit Wein, Weib und Gesang herum, um das mal ein bisschen gemildert auszudrücken.

Pater Alfred: Solang es nur Wein, Weib und Gesang ist!

Thomas D.: Solang es ein Weib ist, nun.

Pater Alfred: Aber vielleicht kommen wir zu dem Thema dann draußen nachher noch näher, es werden ja auch Verehrerinnen hier sein, ich weiß ja nicht.

Thomas D.: Es bleibt bei der Nächstenliebe, auf jeden Fall, heute.

Pater Alfred: Auf jeden Fall, vielleicht möchte ich da einfach mal so einen Schlussstrich setzen. Ich denke, dass viele gemerkt haben, wir sind gar nicht so weit auseinander. Er und wir: Von Religion, von Kirche, von Religionsgemeinschaft. Vielleicht sind wir weiter auseinander, weil wir eingefügt sind in eine Institution, in ein festes Gerippe, auch, in eine feste Vergangenheit dieser Institution.
Und Du eben, weil Du mehr auf Dich alleine angewiesen bist, oder auch Dich alleine mit Deinen Ideen entwickeln musstest und musst. Im Grunde genommen die Lektionen in Demut auch annehmen musst, verarbeiten musst. Du kannst dann natürlich auch irgendwo freier arbeiten und freier hantieren, aber der Auftrag „Es gibt keine größere Liebe, als wenn jemand sein Leben für seine Freunde hingibt", der Auftrag, dass man sich hingibt, dass man sich auf andere zu bewegt, dass man sich für Schöpfung, für Natur einsetzt, dass man sich auch für Gesellschaft einsetzt, für die anderen Menschen, das verbindet uns sehr deutlich.

Diese Dinge alle, letzten Endes auch, weil wir durch diesen Einsatz auch die Liebe zu Gott zeigen, zu diesem großen Gott, von dem wir den Auftrag auch dazu haben, das ist eigentlich etwas, was wir beide unterschreiben könnten und was sicherlich auch ein ganzes Stück weit ein gemeinsamer Nenner ist.
Ich finde es immer schade, wenn so wenig eigentlich bekannt ist, was man doch oft für gemeinsame Nenner hat. Das ist eigentlich schade. Und darum auch heute dieser Abend und auch diese Dialogpredigt. Und ich möchte diese nicht beschließen, indem ich jetzt etwas sage, sondern indem wir noch etwas Schönes hören: Thomas wird uns dieses Lied „Lektionen in Demut" auch selbst noch mal richtig näher bringen, wie es ihm aus dem Herzen kommt. Nicht nur mit der Sprache.

Thomas D.: Ja, das ist richtig. Ich nehme aber trotzdem den Text, denn das Ganze ist jetzt schon ein bisschen her und ich hab' die letzte Zeit mit einem neuen Projekt verbracht. Ich möchte ihn nicht benutzen. Es ist nur wegen der Nervosität. Zu dem Lied sei noch gesagt, es ist von einer Schallplatte, die sich komplett in einer eigenen Welt abspielt, so ein bisschen wie in einem Comic, wo es Superhelden gibt und eben auch Superbösewichte, wo das Gute und das Böse sehr stark getrennt existiert und unser Held, oder eher Antiheld Reflektor Falke besitzt die Eigenschaft alles zu reflektieren, was ihm entgegengebracht wird, d. h., er nimmt den Menschen eigentlich ihre Masken ab. Wenn jemand innerlich eher negative Gefühle hat, dann sieht er sein böses Inneres in Reflektor Falke reflektiert und erkennt so, wer er wirklich ist. Das Problem ist allerdings, dass unser Held dadurch sehr isoliert wird, denn er zeigt allen, wer sie wirklich sind, aber er existiert immer nur in der Reflektion mit den andern, so wie wir uns eigentlich nur selbst erkennen durch die Reflektion der andern, die uns immer besser sagen können, wer wir gerade sind, weil sie werden ja dadurch auch angetrickert, also emotional bewegt und geben uns das dann meistens sehr direkt und schnell zurück. Und unser Held ist an einem Punkt, wo er keine Kraft mehr hat und keine Hoffnung. Wo er den Sinn nicht mehr sieht. Und in diesem Moment trifft er auf den wandernden Wissenschaftler. Und das ist eine Figur, die ich erschaffen hab´, die die Fähigkeit besitzt, den Reflektor so zu isolieren, dass er sich mit sich selbst auseinandersetzen muss. Zum ersten Mal gibt es niemanden, der ihm Ablenkung bringt, der ihn frustriert oder glücklich macht. Das ist nur er selbst. Und das Lied beginnt mit der Ansage des wandernden Wissenschaftlers an den Reflektor Falke und in der Mitte kommt dann Reflektor

Falke selbst zu Wort. Es fängt also an, dass der wandernde Wissenschaftler zu Reflektor Falke sagt: Schalte Deine Reflektoren ab, Falke. Reflektionen sind hier fehl am Platz. Ich verwalte deine Welt für eine Weile. Gib´ dich mir ganz hin. Bis ich tief in dir drin endlich allein mit dir bin. Du kannst dich deiner Lektion nicht entzieh'n, egal ob du dich mir stellst. Du kannst vor allem flieh'n nur nicht vor dir selbst. Du redest dich um Kopf und Kragen, als ob's um dein Leben ging, und alles Glück dieser Welt an deinem Ego hing. Du willst ein Held sein, dein Kartenhaus fällt ein. Denn deine Welt kann nur ein Spiegel deines Selbst sein. Du bist allein nur ein halber Mensch, und so fehlbar, und die Stimmen in dir drin sind unzählbar. Doch vergiss' nicht, vor dem Sturz steht der Hochmut und nach dem Fall folgen Lektionen in Demut. Knie' nieder, Nichts, und danke der Welt, dass sie dir ein Zuhause gibt und dich am Leben hält und dann erhebe dich, Prinz, nutze deine Macht gut. Nimm die Lektion des Lebens in Demut. Du hast die Wahl, ob hier das Paradies oder die Hölle ist, denn du bist Schöpfer deiner Welt, obwohl du Teil von ihr bist. Du trägst Verantwortung für alles, was in deinem Leben geht, und ein Stück vom Herzen eines jeden, der dir nahe steht. Und wenn du dich dennoch fühlst, wie einer der alles verloren hat und Gott die Schuld gibst, nur weil er dich geboren hat, dann wird es Zeit, dass dich endlich jemand am Kragen packt, dich schüttelt und dir sagt, dass er's nur einmal sagt. Du willst ein Held sein, dann tritt für die Welt ein und lass die Liebe wieder Spiegel deines Selbst sein. Denn es ist deines Lebens Ziel, dass du es auch liebst und du gewinnst dein Ego-Spiel, wenn du es aufgibst. Du hast dir Liebe geschworen und hast dazu den Mut. Dann wirst du neu geboren durch Lektionen in Demut. Knie nieder und danke der Welt, dass sie dir ein Zuhause gibt und dich am Leben hält. Und dann erhebe dich, nütze deine Macht gut. Nimm die Lektion des Lebens in Demut.

In diesem Augenblick erkennt Reflektor Falke seine Fehlbarkeit und ist, wie Phoenix aus der Asche, er ist so rund gemacht worden, dass er ganz klein ist und erkennt jetzt, welche Größe wirklich in ihm steckt. Und das fängt an noch mit der Schwäche, indem er sagt: Ich fühl' mich schwach und müde, als hätt' ich Tage nicht geschlafen, als blieb' ich wach und übte mich darin, mich zu bestrafen. Der, der einst so groß war, endet als Hofnarr. Doch ich erhebe mich, strebe zum Licht und fühl' mich wie ein neues Wesen, das zum ersten Mal spricht. Ich bin bereit auf das zu hören, was mein Leben mir zu sagen hat, Erkenntnis zu erfahren, die man am Ende aller Fragen hat, den Zustand zu bewahren, um alles fließen zu lassen, um die Freiheit zu empfinden und die Einheit zu erfassen. Alle Ängste überwinden, da hab' ich mein Ziel erreicht und spür' die Kraft in meinem Innern, die dem Universum gleicht. Denn was das Leben jedem Wesen mitgegeben hat, fließt durch jede meiner Venen wie Starkstrom und ich werde der Held meiner Welt sein. Im großen Kampf um eure Seelen seid ihr nicht mehr allein. Es fallen endlich alle Regeln und Barrieren ab und ich seh', was ich noch zu regeln und zu klären hab'. Ich bete ein, ich verzeih' dir, oh nein, es tut mir leid, zur Klärung der Vergangenheit. Preiset den Herrn! Dankeschön. Amen.

Pater Alfred: Dieser Teil nannte sich ja Dialogpredigt. Und was ist es schön, wenn man bei einer Dialogpredigt erkennt, dass viel Menschlichkeit auch einfach mit dabei ist, dass Menschen etwas gesagt haben, Menschen auch sich begegnet sind, Menschen auch einen gemeinsamen Nenner ein Stück weit haben und den auch äußern konnten. Wenn man gemerkt hat, dass nicht nur die einzelnen Worte, vielleicht nicht nur auch das Lied im Vordergrund stehen, sondern wenn ein Mensch, ein Mensch mit Haut und Haaren und mit Gefühlen, mit Fehlern und mit Schwächen, im Mittelpunkt stand und auch steht. Und ich glaube, das haben wir bei Thomas D. wunderbar gefühlt.

Verzeichnis der Bibelstellen:

Die Bibel – Altes und Neues Testament – Einheitsübersetzung

Verlag Herder, Freiburg im Breisgau

1980 Katholische Bibelanstalt GmbH, Stuttgart

	Seite
Psalmen:	
Ps 75,9	650
Jesaia:	
Jes 43,2	843
Jeremia:	
Jer 51,7	922
Matthäus:	
Mt 3,13-17	1084
Mt 14,22-33	1100
Mt 15,21-28	1101
Mt 16,13-20	1102
Mt 18,15-20	1105
Mt 28,16-20	1121
Markus:	
Mk 1,29-39	1124
Mk 4,35-41	1128
Mk 10,35-45	1137
Lukas:	
Lk 19,1-10	1178
Lk 24,13-35	1186/1187

Johannes:

Apostelgeschichte:

1 Korinther:

1 Petrus:

Erbitten wir immer wieder den Segen

Der allmächtige, gütige, barmherzige und wertschätzende Gott segne uns:

- Segne all die, die wir in unseren Herzen mit uns tragen.
- Segne all die, die ehrlichen Herzens auf der Suche sind.
- Segne all die, die sich mit diesem Buch beschäftigen.

Gott Vater, Sohn und Heiliger Geist.
Amen.

Printed by Books on Demand GmbH, Norderstedt / Germany